Sagenhafte Orte im Bayerischen Wald

Josef & Katharina Probst

Ohetaler-Verlag

Impressum

Sagenhafte Orte im Bayerischen Wald
1. Auflage 2024
2. Auflage 2026

Fotos und Texte
Katharina & Josef Probst
Titelseite
www.fichterdesign.de

Herausgeber
Ohetaler Verlag
Kühberweg 28
94566 Riedlhütte
Tel.: 0049(0)8552 4200
www.ohetaler-verlag.de
E-mail: Ohetaler-Verlag@gmx.de

ISBN
978-3-95511-192-2

Widmung

Dieses Buch widme ich meinem verstorbenen Vater,
der mir die Zeit freigeschaufelt hat,
damit ich die neun vorangegangenen
Bücher schreiben konnte.

Inhaltsverzeichnis

Vorwort 7
Wie finde ich die Ziele? 8

Rund um Blaibach

Predigtstuhl bei Blaibach 12
Räuber-Grüner-Höhle 14
Weißer Felsen bei Blaibach 16

Rund um Cham

Spuk am Haidstein 20
Opfersteine von Sattelpeilnstein 22
Wolframslinde 24

Rund um Falkenstein

Bertlinger Bux´n 28
Engelsberg 30
Heiligenkammer am Mantelberg 32
Schalenstein bei Loidsberg 34
Marienstein 36
Riesentisch am Marienstein 40
Die schlafende Schlange 42
Schweinskopf 44
Rund um den Himmelberg 47
Das Felsenkrokodil vom Himmelberg 48
Räuberhöhle am Himmelberg 50
Die Wolfsgrube am Himmelberg 52

Rund um Bodenmais

Hahnenriegel 56
Das Kreuz, in dem die Welt auf dem Kopf steht 58
SS-Riegel bei Bodenmais 60
Das Steinerne Tor 62

Rund um den Hirschenstein

Bärenhöhle 66
Kugelstatt 68
Das Marterl am Teufelsmühlstein 70
Teufelsmühlstein 71
Waldmannstein oder Totenkopffelsen 74
Teufelsstein 76

Rund um die Englburg

Halbmeile – Henkersbaum am Geiersberg 80
Hexenstein bei Englburg 84
Waldkapelle bei Englburg 86
Teufelsstein bei Tittling 88
Walterspielplatz 90

Rund um Saldenburg & Thurmansbang

Diebsteinhöhle 94
Wilddiebe 94
Deggendorfer Juden 94
Schalensteine auf dem Diebstein 98
Elefantenfelsen bei Saldenburg 100
Gruselsberg bei Zenting 102
Mystische Ofenanlage nahe Saldenburg 104
Pechsteine 106
Rast bei Thurmannsbang 108
Großer Schalenstein bei der Saldenburg 110
Sesselsteinkapelle 112
Zigeunerbrunnen 116
Steinernes Kirchlein 118
Schalensteine um die FelsenKapelle und den Wackelstein 120
Wackelstein bei Loh/Thurmansbang 124

Sankt Hermann

Der Ochsentritt im Pointloch 128
Heilquelle bei St. Hermann 130
Quer durch den 137
Bayerischen Wald 137
Die Todtenau 138
Dösingerried 139
Degenhardt-Kapelle auf der Zellwiese 142
Wachtstein 144
Wollsackverwitterung 144
Rote Kapelle bei March 148
St. Wolfgangkapelle bei Böbrach 150
Die Höhle am Großen Arbersee 154
Einsiedler am Großen Arbersee 154
Lebte der Mühlhiasl in dieser Höhle 154
Die Wehrmacht am Großen Arbersee 155
Grab des Schriftstellers und 158
Dichters Siegfried von Vegesack 158
Steinernes Tor am Kiesruck 160
Das Felsbild beim Doggabrunnen bei Auerkiel 162
Teufelstränke auf der Käsplatte 164
Druidenfelsen bei Ludwigsthal 166
Teufelsfelsen bei Frauenau 168
Teufelstritt bei Lindberg 170
Habichtsstein 172
Treppe auf den Kleinen Falkenstein 174
Das Felsbild von Rehberg 176
Kohlberger Schlupf 178
Teufelsstein am Rußinger Berg 180
Teufelssage: 180
Teufelshund 180
Teufelssteinbruch am Rußinger Berg 182

Kapelle Maria Traum 184
Der Werwolf vom Kindlstein 186
Steinzeithöhle 188
Helfenstein, der Ayers Rock 190
der Oberpfalz 190
Wallfahrtskapelle Rastbuche bei Gratersdorf 192
Meuerschoartn 194
Ochsentritt von Windberg 196
Nachwort 198
Quellen: 200

Vorwort

„Die Vergangenheit erhalten, um in der Zukunft sie verstehen zu können."

Unter diesem Motto kann man die bereits erschienenen Bücher von Sepp Probst beschreiben.

Für den Inhalt dieses Buches ist er nicht alleine verantwortlich. Diesmal war es eine Gemeinschaftsarbeit mit seiner Frau Katharina.

Sagenhaftes können Sie auch in diesem neuen Buch lesen. Überlieferte Sagen, geheimnisvolle Orte, aber auch anschauliche Erklärungen zu den Entstehungen und Hintergründen verschiedener Kapellen.

Mit dem Buch ist es den Verfassern gelungen, nachhaltig dazu beizutragen, dass diese Sammlung auch für die Zukunft besteht. Aufschlussreich und sehr interessant ist es, zu erfahren, wie sich manche Geschichte zugetragen hat.

Ich danke der Familie Probst für dieses Werk und wünsche viel Spaß beim Lesen.

Andreas Kroner

Erster Bürgermeister

Stadt REGEN

Wie finde ich die Ziele?

Viele der in diesem Buch beschriebenen Ziele sind unbekannt und nur über Wege und Steige zu erreichen, die nicht markiert sind. Es ist also kein Wanderführer, wie alle anderen, sondern ein Buch, das dazu anregen soll, die Heimat zu entdecken.

Diese Wanderungen sind also ein kleines Abenteuer und nur zu empfehlen, wenn Sie gut zu Fuß sind und vor allem eine gute Orientierung haben. Daher empfehlen wir Ihnen, sehr geehrte Leser, sich mit Computerprogrammen und mit guten Wanderkarten auf die Touren vorzubereiten.

Der Autor Josef Probst benutzt folgende Software zur Vorbereitung auf die Wanderungen:

- Google Earth
- Google Maps

und im Gelände:

- GPS-Apps fürs Handy (GPS-Tracker)
- und ein richtiges GPS-Gerät

Notrufnummern

Notrufnummer: 112

(Notarzt, Bergwacht, Feuerwehr, europaweit)

Polizei: 110

Handynetz: Bitte denken Sie daran, dass in abgelegenen Gebieten möglicherweise das Handynetz nicht funktioniert. Hinterlassen Sie deshalb immer bei Nachbarn oder Freunden, wohin Sie wandern. Im Grenzgebiet kommt es vor, dass nur das tschechische Handynetz Empfang bietet. Die Landesvorwahl für Deutschland ist 0049 und dann die erste Null bei der Ortsvorwahl weglassen.

Der Ohetaler-Verlag wünscht Ihnen viel Spaß beim Entdecken der Wanderziele.

Rund um Blaibach

Predigtstuhl bei Blaibach

Dies ist ein großer Felsen, der, wie der Weiße Felsen, seine Form durch Wollsackverwitterung bekommen hat. Auf dem Felsen steht ein weit über 10 Meter großes Kreuz. Auf einer Seite des Felsens ist ein tiefer Abgrund, von dem der Stein wahrscheinlich seinen Namen hat. Wenn man dort unten steht und zu dem Felsen aufsieht, sieht es aus wie eine Kanzel, von der jemand runtersprechen bzw. predigen könnte, ähnlich wie in einer Kirche.

Ob der Predigtstuhl eine heidnisch-kultische Bedeutung hat, ist leider nicht überliefert, anbieten würde sich diese Formation aber schon. Ein heidnischer Druide könnte von dort zu den Gläubigen sprechen oder Opfergaben an die Götter von dort in den Abgrund werfen, um diese für menschlichen Gebrauch zu zerstören.

Es gibt viele Orte, welche als Predigtstuhl bezeichnet wurden, viele hatten dafür einen reellen Hintergrund. Oft wurden diese Orte für geheime Kirchen benutzt, wenn die Herrschaft der Region evangelisch war und sich die Katholiken im Wald für eine geheime Messe trafen.

Aber auch gibt es Predigtstühle, welche heidnische Kultorte waren und wo es dann nach der Christianisierung verboten wurde, dort weiter die dazugehörigen Riten abzuhalten. Nur der Name erinnert dann noch an einen Kultort.

Ausgangspunkt: Blaibach

GPS-Daten:

N 49° 10.096

E 012° 47.388

Räuber-Grüner-Höhle

So wird eine kleine Felshöhle in der Nähe von Zandt genannt. Den Namen hat sie von einem gewissen Georg Grüner, der als Räuber in dieser Gegend sein Unwesen getrieben hat.

In dieser Höhle soll er Unterschlupf bei seinen Raubzügen gefunden haben.

Georg Grüner wurde 1873 in Vorderbuchberg bei Eschlkam geboren und lernte das Schneiderhandwerk, später verdiente er sein Geld als Tagelöhner.

1919 heiratete er eine Witwe aus Staning, mit der er dann nach Haderstadl zog. Da die Zeit damals alles andere als gut war und der Bayerische Wald sowieso als Armenhaus von Deutschland galt, reichte ihm das Geld als Tagelöhner vermutlich nicht aus. So wurde er kriminell, um das Haushaltsgeld aufzubessern.

Laut Überlieferungen war ihm die Polizei oft erfolglos auf den Fersen, aber 1925 wurde er dann doch gefasst. Man verurteilte ihn wegen Bandendiebstahls, Holzfrevels und Einbrüchen zu einer Gefängnisstrafe von 14 Jahren, welche er in der Justizanstalt Straubing absaß.

Die Höhle hat einen schmalen Eingang und weitet sich weiter hinten, dort steht auch noch ein altes Bettgestell, ob dies noch vom Räuber Grüner war, kann nicht mehr nachvollzogen werden.

Ausgangspunkt: Zandt

GPS-Daten:

N 49° 10.361

E 012° 44.958

Weißer Felsen bei Blaibach

Etwas oberhalb des Jägerkreuzes (welches ich im Buch „Mystische Wanderziele“ beschrieben habe) ist eine weitere besondere Felsformation, diese wird Weißer Felsen genannt.

Dieser Felsen ist circa 10 Meter hoch und wird von Kletterern genutzt, was man an den vielen Haken sieht.

Seine Form hat er der sogenannten Wollsackverwitterung zu verdanken. Oben auf dem Felsen ist ein wunderschönes kleines Kreuz, in dessen Mitte ein Herz aus Glas ist. Seitlich etwas unterhalb des Kreuzes ist eine kleine Vertiefung im Felsen, welche einer Opferschale ähnelt, diese ist aber wahrscheinlich natürlich entstanden.

Ob der Fels für unsere heidnischen Vorfahren eine Bedeutung hatte und diese Schale kultisch genutzt wurde, kann leider nicht mehr nachvollzogen werden. Da es aber ein markanter Felsen ist und dieser einen Namen bekommen hat, ist dies gut möglich.

Ausgangspunkt: Blaibach

GPS-Koordinaten:

N 49° 10.139

E 012° 47.252

Rund um Cham

Spuk am Haidstein

Der Haidstein ist ein 750 Meter hoher Berg in der Nähe von Bad Kötzting. Hier erzählt man sich, dass es am Gipfel spuken soll. Neben der Haidsteiner Hütte ist eine Wiese, wo schon viele versucht haben zu zelten, um die Nacht dort zu verbringen.

Aber viele, die das probiert haben, verließen noch in der Nacht den Berg, da es ihnen zu unheimlich wurde. Seltsame Geräusche kamen aus dem Wald, welche sie nicht zuordnen konnten, auch fühlten sie sich beobachtet, was sie so dermaßen in Angst versetzte, dass sie die Übernachtung abbrachen.

Ein Stück hinter der Haidsteiner Hütte im Wald, befindet sich die Wallfahrtskapelle St. Ulrich. Dies ist der Überrest einer Burg, welche einst auf dem Haidstein stand.

Etwa um das Jahr 1200 n. Chr. errichtete ein Hatto von Haitstein dort einen Burgstall. Diese ging dann später in den Besitz des Adelsgeschlechtes der Chamerauer über, welche die Burg weiter ausbauten und diese zu ihrem Stammsitz machten.

Das Chamerauer Adelsgeschlecht verkam mit der Zeit zu Raubrittern, welche die Umgebung unsicher machten und ausbeuteten. 1467 veranlasste deshalb der bayerische Herzog Albrecht die Zerstörung der Burg.

Übrig blieb allein die Kapelle, welche im Laufe der Zeit mehrmals renoviert wurde.

Spuken hier auf diesem Berg die gepeinigten Seelen, welche den Raubrittern zum Opfer fielen oder müssen gar die Burgherren selber als Strafe für ihre Taten umgehen?

Ausgangspunkt: Haidsteiner Hütte

GPS-Daten:

N 49° 12.956

E 012° 48.411

Opfersteine von Sattelpeilnstein

Nahe dem Ort Sattelpeilnstein im Landkreis Cham gibt es zwei sogenannte Druidensteine. Dies sind Schalensteine, welche wahrscheinlich schon zu vorchristlicher Zeit eine kultische Bedeutung hatten.

Der Name Sattelpeilnstein wird im Volksmund Beistoi ausgesprochen, dies könnte von Beilsteinen kommen, welches vielleicht auf einen Opferkult an diesen beiden Steinen hindeuten würde. Der Name Sattel kommt wahrscheinlich, weil das Dorf auf einem Bergrücken, wie ein Sattel liegt.

Der Druidenstein Öd ist heute neben der Straße im Straßengraben fast verschüttet, früher als die Straße daneben nicht aufgeschüttet war, stand er sicher erhöht und sah imposanter aus als heute. Die Schale ist wahrscheinlich natürlich entstanden und wurde vielleicht etwas nachgearbeitet, so dass es eine schöne Schale ergab.

GPS-Daten:

N 49° 07.225

E 012° 41.465

Der Druidenstein Sattelpeilnstein ist etwas außerhalb des Dorfs in einem lichten Wäldchen. Diese ebenfalls natürlich entstanden Schalensteine sind deutlich größer als der erste und würden sich für größere Opfer eignen.

GPS-Daten:

N 49° 07.879

E 012° 39.587

Druidenstein Öd

Druidenstein

Wolframslinde

Diese Linde soll die älteste und stärkste Linde Deutschlands sein. Zu finden ist sie in der Ortschaft Ried am Haidstein, bei Lederdorn.

Die Linde soll ein Alter von über 1000 Jahren haben, der Stammumfang soll circa 16 Meter sein und der Stamm einen Durchmesser von 5 Metern haben.

Benannt ist die Linde nach dem Minnesänger Wolfram von Eschenbach, welcher um das Jahr 1200 auf der Burg Haidstein zu Besuch war.

Ausgangspunkt: Ried am Haidstein

GPS-Daten:

N 49° 12.146

E 012° 49.466

Rund um Falkenstein

Bertlinger Bux´n

So wird ein Schalenstein bei Brennberg genannt, welcher einem Thron ähnelt, in den man sich reinsitzen kann. Dieser Stein befindet sich nun mitten in einem Wohngebiet.

Ausgangspunkt: Brennberg

GPS-Daten:

N 49° 04.176

E 012° 23.477

Engelsberg

Der Engelsberg ist ein kleiner Berg, auf dessen Gipfel sich große Felsen befinden. In einigen dieser Felsen sind Schalen zu sehen. Einer dieser Schalensteine erinnert an eine Liege. Legt man sich da hinein, erkennt man am darüberliegenden Felsen eine Einkerbung. Diese könnte unseren Vorfahren zur Himmelsbeobachtung gedient haben, ähnlich wie wenn man bei einem Gewehr durch Kimme und Korn sieht.

Ausgangspunkt: Frankenberg

GPS-Daten:

N 49° 05.175

E 012° 23.872

Heiligenkammer am Mantelberg

Die Heiligenkammer ist eine beeindruckende Felsformation mit Durchschlüpfen, Höhlen und Kammern. Diese Kammern werden, so macht es den Anschein, gern für Treffen und Übernachtungen genutzt. Ob diese Stätte einen kultischen Hintergrund hat, kann nicht genau gesagt werden, aber der Name Heiligenkammer deutet darauf hin, auch bieten die Durchschlupfe und Höhlen einen idealen Ort für heidnische Kulte.

Ausgangspunkt: Martinsneukirchen

GPS-Daten:

N 49° 07.768

E 012° 26.207

Schalenstein bei Loidsberg

Nahe Brennberg ist die Ortschaft Loidsberg, dort befindet sich am Waldrand ein Schalenstein.

Ausgangspunkt: Brennberg

GPS-Koordinaten:

N 49° 03.839

E 012° 22.866

Marienstein

Ein kleiner Hügel in der Nähe von Falkenstein wird als Marienstein bezeichnet. Vor langer Zeit soll dort oben mal eine Burg gestanden haben. In dieser Burg lebten zwei Brüder, zwischen denen große Zwietracht herrschte. Eines Tages kam es zu einem so schlimmen Streit, dass ein Bruder den anderen ermordete.

Aus Scham über den Brudermord und um von dem Fluch des Tötens befreit zu werden, wallfahrtete der Mörder nach Rom, dort gelobte er, auf dem Marienstein eine Kapelle zu bauen. Da diese auf einem großen Stein stand, weihte er sie dem heiligen Petrus, welcher als Fels der Katholischen Kirche bekannt ist. Damit dieser nicht allein Schutzherr war, wurde die Kapelle auch dem heiligen Paulus geweiht – also eine Petrus-und-Paulus-Kapelle.

Die Burg wurde später wahrscheinlich von den Hussiten zerstört.

Dieser Ort wurde zu einem Wallfahrtsort und eine größere Kirche darauf gebaut. Das Besondere daran ist, dass die Kirche an einem Felsen gebaut wurde. Zwischen Felsen und Kirche befindet sich ein kleiner Durchschlupf. Die Sage dahinter besagt, dass wer sich durch diesen Durchschlupf zwängt, seine körperlichen Leiden abstreifen würde. Was sicherlich die Wallfahrten noch befeuerte, sodass viele Leute aus dem Bayerischen Wald kamen, um hier ihre Leiden los zu werden.

Früher wurde dieser Ort Mandlstoa, Marnstein oder Ernstain genannt und war offensichtlich schon zu heidnischer Zeit ein Kultort. Der Name Ernstein geht wohl auf Er, den Kriegsgott der Germanen, zurück.

In einem Gasthaus in Falkenstein hängt ein gemaltes Bild, welches einen hölzernen Tempel auf dem Gipfel zeigt. Vielleicht war dies tatsächlich ein Kultort des Kriegsgottes.

Wenn man um den großen Felsen geht, an welchen die Kirche gebaut wurde, sieht man rundum künstlich eingeschlagene Einkerbungen, wo früher irgendwann einmal etwas hineingesteckt wurde. So könnte es sein, dass diese Einkerbungen tatsächlich für die Balken eines heidnischen Tempels gedacht gewesen waren. Aber dass diese nicht, so wie auf dem Bild dargestellt, nach oben ragten, sondern eher seitlich weg. Vielleicht eine Überdachung, welche um den Felsen geht.

Laut einer anderen Sage stammen diese Einkerbungen von einer Hängebrücke, welche von hier zum nahegelegenen Sengersberg führte. Diese soll der Mörderbruder gebaut haben, damit er in seiner Scham nicht durchs Tal, an den Einwohnern vorbeigehen musste, wenn er die Kapelle besuchte. Dies gilt aber als sehr unwahrscheinlich bis unmöglich.

Ausgangspunkt Marienstein:
GPS-Daten Durchschlupf:
N 49° 07.332
E 012° 27.724

Riesentisch am Marienstein

Ein großer Felsen liegt auf dem Hügel Marienstein. Dieser Hügel wurde früher auch Mandlstoi genannt. Man glaubte, dass dort Zwerge (Mandl) lebten. Am benachbarten Hügel Sengersberg sollen Riesen gelebt haben, die zum Essen immer auf den Mandlstoi gingen, da sie dort einen großen Felsen als Tisch hatten   den Riesentisch.

Ausgangspunkt: Marienstein

GPS-Daten:

N 49° 07.333
E 012° 27.682

Die schlafende Schlange

In der Nähe von Winkling bei Falkenstein, am Handelsberg, befinden sich sehr viele große Felsformationen, die allein schon sehenswert sind.

Aber eine davon ist besonders: Auf dieser liegt ein großer, flacher Felsen, der Ähnlichkeit mit einer schlafenden Schlange hat, die den Kopf über den darunterliegenden Felsen hängen lässt. Deutlich sind der Mund und die geschlossenen Augen zu sehen.

Ausgangspunkt: Winkling bei Falkenstein

GPS-Daten:

N 49° 05.900

E 012° 27.456

Schweinskopf

Als am Marienstein die Petrus-und-Paulus-Kirche gebaut wurde, war dies dem Teufel zuwider, da hier vorher ein heidnischer Kultplatz gewesen war, den nun die Katholische Kirche für sich behauptete.

Als aber die Kirche fertig war und die Einweihung bevorstand, verwandelte sich der Teufel in einen riesigen Eber und lief wütend um die Kirche, um die Gläubigen zu vertreiben.

Diese nahmen all ihren Mut zusammen und rannten an dem Eber vorbei in die Kirche. Dort waren sie aber nun gefangen, da der Eber vor der Kirche wartete. In ihrer Not beteten sie zu Petrus, welcher einer der Schutzheiligen der Kirche war. Dieser erschien sofort und schlug dem wilden Eber mit einem Streich seines Schwertes den Kopf ab.

Der Kopf erstarrte sofort zu Stein und ist heute noch dort zu sehen. Den Leib des Ebers warf Petrus vom Hügel ins Tal, wo er liegen blieb und als Hügel Schweinsberg bekannt ist.

Ausgangspunkt: Marienstein

GPS-Daten Schweinskopf:

N 49° 07.329

E 012° 27.644

Rund um den Himmelberg

Das Felsenkrokodil vom Himmelberg

Dies ist ein Stein, der einem Krokodil ähnelt.

Ausgangspunkt: Kölburg

GPS-Daten:

N 49° 06.217

E 012° 41.945

Das is
Krokodi
am Himm
Wos de Na
macht, wo
Mensch

Räuberhöhle am Himmelberg

Um 1900 trieb der Räuber Urban sein Unwesen; er hauste in einer Höhle am Himmelberg. Diese Höhle war von Dickicht umgeben, so dass sie von der Polizei nicht gefunden wurde. Heute ist das Dickicht entfernt und man kann die Höhle frei einsehen.

Der Räuber Urban hatte es auf Geld, Schmuck und Lebensmittel abgesehen. In der näheren Umgebung der Höhle ließ er die Dörfer unbehelligt, auch so sagte man, stahl er den armen Leuten nichts, sondern nur denen, welche es verschmerzen konnten.

Irgendwann wurde aber der Räuber dann doch bei einem Raub erwischt und für ein paar Jahre ins Zuchthaus gesteckt. Nach seiner Freilassung kam er nicht mehr in diese Gegend zurück, sondern verschwand spurlos.

Ausgangspunkt: Kölburg

GPS-Daten:

N 49° 06.265

E 012° 41.950

Die Wolfsgrube am Himmelberg

Diese Grube wurde zum Fangen und Töten von Wölfen gegraben, sie ist gute 3 Meter tief und etwa 1,5 Meter breit. Wahrscheinlich wurde die Grube abgedeckt, in die Mitte der Abdeckung ein Köder gelegt und wenn ein Wolf den Köder wollte, brach dieser durch die Abdeckung und stürzte in die Ticfc.

Solche Wolfsgruben wurden nach dem Dreißigjährigen Krieg gebaut. Ab dieser Zeit hatte der Wolf ein negatives Bild in der Gesellschaft, was daran liegen kann, dass es damals immer wieder zu Übergriffen auf Menschen kam. Vielleicht hatten sich damals die Wölfe an Menschenfleisch gewöhnt, durch die nur dürftig ausgehobenen Massengräber des Krieges oder der darauffolgenden Pest, bei welchen sie dann ihren Hunger stillten.

Es kann aber auch sein, dass der Wolf damals dem Adel ein Dorn im Auge war. Die Hofjagden wurden Mode und da konnte man keinen weiteren Beutegreifer im Wald brauchen. Hat man vielleicht deshalb diese Schauergeschichten um die Wolfsübergriffe erfunden, um die Bevölkerung zu beeinflussen?

In den 1990er Jahren war die Grube fast komplett gefüllt mit Erdreich, Steinen, Tannen- und Fichtennadeln, so dass man beschloss, sie wieder freizuräumen. Dabei fand man Knochen und große Zähne, welche zu einem Wolf passen würden. Ebenfalls fand man einen spitzen Holzpflock, welcher wahrscheinlich in der Mitte stand und zum Aufspießen der hineinfallenden Wölfe diente.

Heute ist die Grube abgedeckt, dass kein Mensch oder Wolf aus Versehen hineinfallen kann.

Ausgangspunkt: Kölburg
GPS-Daten:
N 49° 06.010
E 012° 41.878

Rund um Bodenmais

Hahnenriegel

Dies ist ein etwa 200 Meter langer Felsriegel, welcher sich aus der umliegenden Vegetation abhebt. Er wird Hahnenriegel genannt, da es dort Auerhähne gegeben hat oder nun wieder gibt. Der Hahnenriegel hat auf einer Seite einen großen, etwa 10 Meter tiefen Abgrund, weshalb sich dadurch ein wunderschöner Ausblick bietet.

Achtung!

Der Hahnenriegel liegt in einem Schutzgebiet, welches nur von 1. Juli bis 1. November betreten werden darf.

Ausgangspunkt: Bretterschachten
GPS-Daten:
N 49° 03.902
E 013° 09.771

Das Kreuz, in dem die Welt auf dem Kopf steht

Auf der Hochzell gibt es ein Kreuz, in dessen Mitte eine Glaskugel ist. Schaut man durch diese Kugel, ist die Welt auf den Kopf gestellt.

Es ist ein wunderschöner Ort, um bei einer Wanderung Brotzeit zu machen und die schöne Aussicht zu genießen. Man sollte aber frei von Höhenangst sein, da der Felsen, auf dem das Kreuz steht, auf einer Seite einen tiefen Abgrund hat.

Achtung!

Das Kreuz liegt in einem Schutzgebiet, welches nur von 1. Juli bis 1. November betreten werden darf.

Ausgangspunkt: Bretterschachten

GPS-Daten:

N 49° 04. 453

E 013° 08. 575

SS-Riegel bei Bodenmais

Auf dem Hochzellberg ist ein großer Felsriegel, welcher von den Bodenmaisern als SS-Riegel bezeichnet wird. Hintergrund für diese Bezeichnung ist, dass sich die letzten Reste der Wehrmacht und der SS am Ende des Zweiten Weltkrieges dort verschanzt haben sollen. Von dort wollten sie die anrückenden amerikanischen Soldaten unter Beschuss nehmen. Angeblich feuerten die amerikanischen Panzer eine Salve in Richtung dieses Riegels und die deutschen Soldaten gaben den sowieso hoffnungslosen Kampf auf und ergaben sich.

Dieser Felsriegel ist mit vielen, teilweise einigen Metern tiefen Felsspalten durchzogen, welche teilweise höhlenähnlich sind.

Diese Riegel werden auch von Kletterern genutzt, was man an den eingeschlagenen Haken gleich erkennt.

Achtung! Die SS-Riegel liegen in einem Schutzgebiet, welches nur von 1. Juli bis 1. November betreten werden darf.

Ausgangspunkt: Bretterschachten

GPS-Koordinaten:

N 49° 04.353

E 013° 07.790

Das Steinerne Tor

Wenn man vom Bretterschachten querfeldein zum Arber geht, kommt man an zwei markanten kleinen Hügeln vorbei, zwischen diesen kann man hindurchgehen, wie etwa durch eine Schlucht. Dieser Ort wird von den Einheimischen das Steinerne Tor genannt. Es gibt eine Redewendung zu diesem Ort: „Wer durchs Steinerne Tor geht, lebt ewig“. Dieser Spruch ist uns wahrscheinlich aus einer lang vergessenen Zeit erhalten geblieben. Für die Kelten, so vermutet man, war der Große Arber ein heiliger Berg. Dort oben auf dem Arberplateau wohnte ihre dreifache Göttin. Die Kelten sahen in diesem Ort so etwas wie wir heute in Altötting, einen Wallfahrtsort, den jeder Gläubige der Umgebung besucht haben muss. So wallfahrteten die Kelten, die in der Donauebene angesiedelt waren, durch den großen Wald bis zum Arbermassiv. Diese Reise dauerte mehrere Tage und war nicht ungefährlich, wilde Tiere wie Bären und Wölfe waren in diesem Waldgebiet beheimatet. Es musste den Wallfahrern viel bedeutet haben, an diesen Ort zu kommen. Wer nun kurz vor dem Arber dieses Steinerne Tor durchschritt, war schon fast am Ziel für sein Seelenheil. So wird man damals dieses Tor als Tor zum ewigen Leben gesehen haben.

Ausgangspunkt: Bretterschachten

GPS-Daten:

N 49° 05.390

E 013° 07.995

Geht man aber von dieser Stelle ein wenig bergabwärts, so kann man auf der rechten Seite einen Steinriegel sehen, durch den tatsächlich ein steinernes Tor geht – wahrscheinlich bezieht sich die Sage auf dieses Tor. Da es aber abseits des Weges ist, wurde es fast vergessen und so die beiden kleinen Hügel als Steinernes Tor bezeichnet.

Ausgangspunkt: Bretterschachten
GPS-Daten:
N 49° 05.384
E 013° 07.915

Rund um den Hirschenstein

Bärenhöhle

Die Bärenhöhle ist eine Steinformation, welche einen Felsspalt hat, in dem sich ein Bär verstecken könnte oder vielleicht auch früher versteckt hat.

Die beiden Felsen waren ursprünglich ein Stück, aber im Laufe der Zeit brach dieser auseinander. Das untere Stück wandert durch sein Gewicht immer weiter hangabwärts, so dass sich der Spalt immer weiter verbreitert.

Oft gibt es über solche Felsen die Sage, dass wenn der Spalt so groß ist, dass ein Wagengespann durch passt, die Welt untergeht.

Ausgangspunkt: Grandsberg bei Schwarzach

GPS-Koordinaten:

N 48° 56.680

E 012° 51.546

Kugelstatt

Unterhalb der Kreuzung Schuhfleck ist das Kugelstattmoos. Hier war laut alter Sagen eine Stadt, welche versunken ist.

Der Kirchturm und ein schwarzes Kreuz darauf sollen am Fronleichnamstag während der Prozession zu sehen sein. Auch kann man die früheren Bewohner kegeln hören.

Ein Schild mit der Aufschrift Kugelstatt ist am Bachübergang zu sehen, bachabwärts beginnt das Kugelstattmoos.

Ausgangspunkt: Grandsberg bei Schwarzach

GPS-Koordinaten:

N 48° 57.422

E 012° 52.118

3
E8
Kugelstatt

Das Marterl am Teufelsmühlstein

Ein junges Mädchen war einst in der Nähe des Teufelsmühlsteins beim Schwammerlsuchen, um den Kopf hatte es ein rotes Kopftuch gebunden.

Zur selben Zeit war dort ein Jäger auf Fuchsjagd unterwegs. Als er im Unterholz etwas Rotes sah, dachte er, es sei ein Fuchs und schoss darauf.

Ein jämmerlicher Schrei folgte darauf und als der Jäger näherkam, sah er das junge Mädchen angeschossen und schwer verletzt liegen. Aus Angst vor der Strafe, die ihm blühte, wenn das Mädchen aussagen würde, schoss er ein zweites Mal auf sie und diesmal mitten ins Herz.

Er verscharrte die Leiche des Mädchens und deckte alles mit Blättern und Ästen ab.

Die Dorfbewohner der umliegenden Ortschaften suchten nach dem Mädchen, dieses blieb aber spurlos verschwunden.

Viele Jahre später, als der Jäger im Sterben lag, drückte ihn das Gewissen und er erzählte seine Tat und auch den Ort, wo er das Mädchen begraben hatte, dem Priester, der ihm die letzte Ölung gab.

Der Priester machte sich nach dem Tod des Jägers mit ein paar Leuten auf den Weg und sie suchten den beschriebenen Ort. Dort fanden sie auch Knochen und Kleidungsreste des verschwundenen Mädchens. Dieses wurde nun im Friedhof bei Schwarzach beerdigt. Auf dem Teufelsmühlstein wurde als Andenken das Marterl errichtet.

Teufelsmühlstein

Ein Müller, der Besitzer eines Schwarzbuchs war, wollte mit den Bauern von Bernried eine Wette machen. Wenn die Bauern ihm das Getreide in seinen Wald am Hirschenstein bringen würden, dann würde er es dort zu Mehl mahlen.

Die Bauern machten sich über ihn lustig, da dort kein Bach floss, der das Mühlrad antreiben konnte, so gingen sie, des Sieges sicher, die Wette mit dem Bauern ein.

Der Bauer aber beschwor mit seinem Schwarzbuch den Teufel und versprach ihm seine Seele, wenn dieser ihm eine Mühle in seinen Wald am Hirschenstein baute, welche das Mehl mahlen würde. Der Teufel zog einen Vertrag und eine Feder aus der Tasche. Mit der Feder stach er dem Bauern

in den Arm, so dass er mit seinem eigenen Blut den Vertrag unterschreiben konnte.

Der Bauer unterschrieb und der Teufel baute innerhalb eines Tages und einer Nacht die Mühle. Das Mühlrad drehte sich wie von Geisterhand angetrieben, ohne Wind und Wasser.

Die Bauern staunten nicht schlecht, als sie vor der Mühle standen und bedauerten es, dicsc Wette eingegangen zu sein. Nun mussten sie ihr Getreide immer den Berg zur Mühle hinauffahren.

Als der Müller einige Jahre später starb, zog ein großes Unwetter auf, mit dem der Teufel kam und sich die Seele des Bauern holte. Das Unwetter zerstörte auch die Mühle, einzig

und allein der Mühlstein blieb an Ort und Stelle liegen und ist bis heute erhalten.

Was genau dieser Mühlstein für eine Bedeutung für unsere Vorfahren hatte, weiß keiner mehr. Es sind viele Löcher darin, was vielleicht ein Hinweis sein könnte, dass dieser ein Sternenbild abzeichnen sollte und der Stein somit astronomisch genutzt wurde.

Ausgangspunkt: Grandsberg bei Schwarzach

GPS-Koordinaten:

N 48° 56.537

E 012° 51.433

Waldmannstein oder Totenkopffelsen

So wird dieser große Felsen genannt. Wenn man ihn vom Wanderweg aus betrachtet, sieht er aus wie ein riesiger Totenkopf.

Der Stein ist nahe der Wanderkreuzung Schuhfleck. Wenn man von dort dem Weg Richtung Hirschenstein folgt, sieht man ihn nach etwa 400 Metern links des Weges.

Den Schuhfleck kann man am besten von Grandsberg oder von Achslach über die Ödwies aus erreichen.

Ausgangspunkt: Grandsberg bei Schwarzach

GPS-Koordinaten:

N 48° 57.448

E 012° 52.278

Teufelsstein

Der Teufel suchte sich zwischen dem Schwarzacher Tal und dem Hirschenstein zwei riesige Felsen, zwischen denen er sein Korn zu Mehl mahlte.

Dort kann man heute noch an bestimmten Tagen bei Sonnenaufgang das Gesicht des Teufels an den Felsen sehen.

Ausgangspunkt: Grandsberg bei Schwarzach

GPS-Koordinaten:

N 48° 56.705

E 012° 51.492

Rund um die Englburg

Halbmeile – Henkersbaum am Geiersberg

Hier soll eine alte Richtstätte der Herren von der Englburg gewesen sein. Es sollen an dieser Stelle Menschen an den Linden erhängt oder geköpft worden sein. Die Erhängten mussten solange am Strick hängen, bis sie sich selber vom Strick lösten, das heißt, bis sich der Kopf vom Körper trennte. Dieser Prozess konnte mehrere Jahre dauern, da die Leichen an der Luft trockneten und mumifizierten. Fielen diese dann zu Boden, musste der Scharfrichter oder Henker geholt werden, welcher sie dann an Ort und Stelle vergrub. So sollen die Leichen der gehenkten und geköpften Verbrecher unter diesen Linden vergraben liegen. Die Kapelle wurde hier gebaut, damit man für die Seelen der Hingerichteten beten konnte. Wann die ursprüngliche Kapelle gebaut wurde, lässt sich nicht mehr nachvollzeihen – die jetzige wurde um 1824 neu aufgebaut.

Ob hier tatsächlich jemand hingerichtet wurde, ist nicht überliefert, da die Herren von Englburg nur die niedere Gerichtsbarkeit über Alltagsvergehen hatten. Der Name Geiersberg spricht aber dafür, da die alten Richtstätten meisten auf einer Anhöhe waren, welche als Geiersberg oder Rabenstein bezeichnet wurde. Dies soll daran liegen, weil sich die Geier, was damals die Bezeichnung für alle Raubvögel, Raben und Krähen war, an dem Fleisch der Hingerichteten labten und so gern an diesen Orten verweilten.

So große Bäume waren aber auch für unsere Vorfahren etwas Besonderes. Sie hatten einen sogenannten Baumkult, Bäume, welche den Göttern geweiht waren. Hier opferten sie teilweise auch Menschen. Die Germanen, zum Beispiel, kannten ein Baumopfer, bei welchem sie immer neun Menschen erhängten. Dies sollen zum Teil auch freiwillige Opfer gewesen sein, denn wer den Göttern geopfert wurde, kam nach Walhalla und konnte so am immerwährenden Saufen und Kämpfen teilnehmen.

Ob die Linden wirklich über 1000 Jahre alt sind, kann nicht bestätigt werden, aber imposant sind sie allemal und einen Besuch wert.

Ausgangspunkt: Halbmeile bei Tittling

GPS-Daten:

N 48° 43.727

E 013° 21. 497

Hexenstein bei Englburg

Als Hexenstein ist ein großer Felsen bekannt, welcher ein kreisrundes Loch besitzt.

Die Bedeutung dieses wahrscheinlich natürlich entstandenen Steins ist uns heute nicht mehr bekannt. Aber der Name Hexenstein gibt Anlass zu glauben, dass dieser Stein in vorchristlicher Zeit kultisch genutzt wurde.

Ausgangspunkt: Englburg bei Tittling

GPS-Daten:

N 48° 43.836

E 013° 20.275

Waldkapelle bei Englburg

Auf einem großen Felsen bei Englburg ist eine Marienkapelle gebaut, erreichbar über eine steinerne Treppe. An der Kapelle selbst ist ein Fresko der Schutzmantelmadonna zu sehen, gemalt von Wilhelm Niedermayer.

Rund um diesen Felsen sind etliche Gravierungen und sonderbare Figuren in den Stein gearbeitet worden. Auf dem Felsen hinter der Kapelle finden sich natürliche Auswaschungen des Felsens, welche Schalensteinen ähneln.

Ausgangspunkt: Englburg
bei Tittling
GPS-Daten:
N 48° 43.884

Teufelsstein bei Tittling

Der Teufelsstein bei Tittling, auch Teufelsstein bei Blümersberg genannt, ist ein Schalenstein, welcher am Osthang des Blümersbergs liegt. Laut einer alten Sage zeigt er die Handabdrücke des Teufels.

Vor einigen hundert Jahren, als die Tittlinger noch den weiten Weg nach Neukirchen vorm Wald in die Kirche gehen mussten, beschlossen sie, selbst eine Kirche zu bauen. Als diese dann zur Winterzeit fertiggestellt wurde, feierten sie die erste Christmette in der neuen Kirche. Als an diesem Tag die Glocken zur Christmette läuteten, hörte dies der Teufel und es erzürnte ihn so, dass er beschloss, die Kirche zu zerstören. Er flog auf den Blümersberg und nahm dort einen großen Felsbrocken, welchen er auf die Kirche werfen wollte. Als er den Stein anhob und über den Kopf hielt, kam ein starker Wind auf, so dass er ihn fast nicht mehr halten konnte. Es kostete ihn so viel Kraft, dass sich seine Tatzen in den Stein eindrückten. Diese Abdrücke sind heute noch zu sehen.

Als der Wind nachließ, setzte der Teufel erneut zum Wurf an. Da erklang aus der Kirche ein himmlischer Gesang, so dass der Teufel wie gelähmt war und den Stein fallen ließ, der laut krachend über den Abhang bis ins freie Feld rollte, wo er heute noch liegt.

Das Tittlinger Kirchlein hielt 300 Jahre, bis es 1803 einem Feuer zum Opfer fiel.

Schon der Name Teufelsstein allein deutet auf eine heidnisch-kultische Bedeutung des Steins hin.

Ausgangspunkt:
Tittling/Göttersberg
GPS-Daten:
N 48° 44.003
E 013° 23.065

Walterspielplatz

Eine Felsgruppe nahe Englburg wird als Walterspielplatz bezeichnet. Die Steine um diesen Platz weisen viele natürliche Auswaschungen auf, welche als Schalensteine benutzt worden sein könnten.

Ausgangspunkt:
Englburg bei Tittling
GPS-Daten:
N 48° 43.952
E 013° 20.393

Rund um
Saldenburg & Thurmansbang

Diebsteinhöhle

Um die Diebsteinhöhle ranken sich mehrere Sagen:

Wilddiebe

Laut alten Erzählungen sollen sich in der Gegend um die Diebsteinhöhle einst Wilddiebe aufgehalten haben, welche im Wald wilderten oder gar den Bauern das Vieh von den Weiden oder aus den Ställen stahlen. Das erbeutete Vieh brachten sie dann in die Höhle, schlachteten es und hängten das Fleisch mit Nägeln in der Höhle auf.

Deggendorfer Juden

Zur Zeit der Judenverfolgung im Mittelalter, ging die Sage um, dass die Deggendorfer Juden Hostien stahlen und diese mit Nägeln in die Diebsteinhöhle hängten.

In beiden Geschichten spielen Nägel eine Rolle, wenn man aber in der Höhle ist, sucht man diese vergebens. Was man aber findet, sind die Nester der Großen Höhlenspinne, auch Höhlenkreuzspinne genannt. Diese ähneln einem Kokon, welcher an einem etwas dickeren Spinnenfaden von der Decke hängt. Wenn man diesen von der Weite betrachtet, könnte er mit Nägeln, die in die Wand geschlagen wurden, verwechselt werden.

Am Eingang der Höhle sind ein schwarzer Mann, ein Gesicht und eine Sonne zu sehen. Wer das dorthin gemalt hat und was es bedeuten soll, ist leider nicht bekannt.

Außerdem liegt vor dem Höhleneingang ein Stein, welcher zum Verschließen der Höhle gedient haben könnte.

In der Höhle befinden sich zwei verwinkelte Gänge, die aber nicht allzu tief in die Höhle führen. Auf der linken Seite des Ausgangs kann man eine Höhlenmalerei sehen, die meiner Meinung nach einen umgedrehten Widder zeigt.

Ausgangspunkt: Lanzenreuth

GPS-Daten:

N 48° 45.623

E 013° 20.242

Oberer Zugang:

Etwas oberhalb der Höhle ist eine kleine Felsschlucht, die am Eingang durch einen Felsbrocken versperrt wird. Unter diesem kann man aber hindurchschlüpfen. Folgt man der Schlucht und steigt man am Ende den schmalen Gangsteig hinab, so kann man von oben in die Höhle runterschauen.

GPS-Daten, oberer Eingang

N 48° 45.623

E 013° 20.225

Sollte nun diese Höhle vielleicht kultisch genutzt worden sein, würden hier berauschte Menschen unten die Höhle betreten. Diese würde mit dem davorliegenden Stein verschlossen. Am oberen Eingang sitzt der Schamane/Druide und macht Brummgeräusche, zu welchen sich die Eingesperrten bewegen und in Trance fallen oder er redet mit ihnen und sie denken, es sei die Stimme eines Gottes.

Schalensteine auf dem Diebstein

Am Gipfel des Berges befinden sich mehrere Schalensteine, welche wahrscheinlich natürlich entstanden sind und vielleicht etwas nachbearbeitet wurden.

Der Stein mit den größeren Opferschalen hat auch Vertiefungen, in die man treten kann, um diesen leichter zu besteigen.

Es sind Schalensteine vorhanden, in die man sich setzen oder sogar legen kann. Vielleicht konnte man aus dieser liegenden Position an bestimmten Tagen ein bestimmtes Sternbild sehen.

Ausgangspunkt: Lanzenreuth

GPS-Daten:

N 48° 45.620

E 013° 20.222

Elefantenfelsen bei Saldenburg

Nahe dem Ort Saldenburg ist ein Felsen, der aussieht wie ein Elefant. Deutlich sind die Ohren und der Rüssel zu sehen. Der Elefant scheint sich an einen größeren Felsen zu lehnen.

Diese wundersame Felsformation ist natürlich entstanden, aber auf alle Fälle sehenswert.

GPS-Daten:
N 48° 46.328
E 013° 22.714

Gruselsberg bei Zenting

Der Gruselsberg ist ein kleiner Berg in der Nähe von Zenting. Über diesen Berg gibt es eine alte, schaurige Geschichte. Um diesen Berg soll es vor vielen hundert Jahren Volksstämme gegeben haben, in denen Frauen die Herrschaft hatten, ähnlich wie die sagenumwobenen Amazonen. Diese Frauen sollen auf dem Gruselsberg Männer geopfert haben. Diese Sage deutet darauf hin, dass auf dem Gruselsberg vielleicht ein ritueller Platz der Kelten war. Hier könnte die dreifaltige Göttin angebetet worden sein. Die Kelten waren dafür bekannt, dass sie ihren Göttern Menschen geopfert haben, vielleicht war dies genau so ein Ort. Die meisten Opfer waren Kriegsgefangene und meistens Männer. Es gab in späterer keltischer Zeit auch Frauen, die Priesterinnen waren. So kann es durchaus sein, dass Priesterinnen an diesem Ort Männer als Menschenopfer darbrachten und dies sich so in der alten Sage überlieferte.

Auf dem Berg sieht man viele Steine mit wahrscheinlich durch natürliche Auswaschung entstandene Opferschalen. Diese könnten natürlich von unseren heidnischen Vorfahren als Kultsteine genutzt worden sein.

Auch sieht man hier an den Steinen, dass Steinmetze dort gearbeitet haben. Zum Beispiel um einen Wassergrand herzustellen. Wahrscheinlich ist der Stein dann nicht so gebrochen, wie es geplant war und der Steinmetz beendete seine Arbeit erfolglos.

Wie man früher Steine auseinandersprengte

Da im Bayerischen Wald der Granit sehr häufig vorkommt und dieser Stein auch früher schon begehrt war, gab es seit jeher im Bayerischen Wald schon Steinhauer. Diese verdienten sich ihr Geld mit dem Herausbrechen der Steine aus den großen Felsen. Aus den Steinen wurden Futtertröge, Wassergrände oder Pflastersteine gefertigt und dann verkauft. Wenn sie größere Steine aus den Felsen brauchten, waren diese sehr schwierig aus den Felsen herauszuhauen. Die damaligen Steinhauer machten sich Keile aus frischem Buchenholz und trockneten diese in den Brotbacköfen, die damals auf jedem Bauernhof standen. Durch das Trocknen entzogen sie den Keilen die Flüssigkeit und der Keil zog sich zusammen und wurde hart. Danach nahmen sie die Keile und steckten diese in natürliche Felsrisse oder schlugen kleine Kerben mit Hammer und Meißel in den Fels, in die diese Keile gesteckt wurden. Waren die Keile tief und fest und in den Fels geschlagen, fingen die Steinhauer an, über die Buchenkeile viel Wasser zu schütten. Die trockenen Buchenkeile quollen mit dem Wasser wieder an und verbreiterten so den Riss, oder sprengten ein großes Stück vom Felsen ab. Nun konnten die Steinhauer den abgesprengten Felsen mit nach Haus nehmen und ihn dort weiterbearbeiten.

Ausgangspunkt:
Zenting
GPS-Daten:
N 48° 46.919
E 013° 15.406

Mystische Ofenanlage nahe Saldenburg

Im Wald nahe dem Ort Saldenburg ist ein kleiner Hügel im Wald zu sehen, welcher ein Geheimnis in sich trägt.

In dem Hügel befindet sich ein Schmelzofen aus dem Mittelalter. Bis heute konnte nicht geklärt werden, welchen Zweck dieser hatte.

Der Ofen war verschüttet und wurde 1980 entdeckt und freigelegt.

In dem Ofen muss eine Hitze von über 1500°C geherrscht haben und das über 32 Stunden, denn der Quarz in den Aplitsteinen an den Wänden und der Decke ist zu Glas geschmolzen.

Laut der Radiokohlenstoffdatierung der Uni Heidelberg, war der Ofen von etwa 1280 bis 1460 in Betrieb.

Niemand weiß, wofür dieser Ofen verwendet wurde und warum er einsam und versteckt mitten im Wald, abseits der damaligen Saldenburg steht.

Die Herren von Saldenburg (Allein) waren durch den Salzhandel zu einem reichen Adelsgeschlecht geworden.

War dies der Ofen eines Alchimisten, der von den Burgherren beauftragt worden war?

Dies würde zumindest erklären, warum der Ofen im Wald versteckt war, denn die Kirche hatte die Alchemie verboten und durfte auf keinen Fall mitbekommen, dass hier einer am Werk war. Es würde auch erklären, warum der Ofen später verschüttet oder versteckt wurde.

Was hat man hier hergestellt?

Das wird man wohl nie mehr genau erfahren.

Grabungsgrüben wurden durch den Hügel gezogen und dabei wurden Faustkeile aus der Steinzeit gefunden, welche aber sicher nichts mit diesem Ofen zu tun hatten. Aber es beweist, dass an dieser Stelle schon in der Steinzeit Menschen waren.

Ausgangspunkt: Saldenburg
GPS-Daten:
N 48° 46.090
E 013° 22.325

Pechsteine

Bei Kneisting wurden sogenannte Pechsteine entdeckt. Das sind Steine, in welchen eine Vertiefung mit einer Ablaufrinne ist. Auf diesen Vertiefungen wurden Lehmöfen gebaut, welche in der untersten Schicht mit harzhaltigen Hölzern, wie zum Beispiel Kiefer, befüllt wurden. Dieses wurde langsam abgebrannt, so dass das Pech aus den Hölzern durch die Rinne aus dem Ofen rann und dort aufgefangen wurde. Pech war früher ein begehrtes Mittel zum Abdichten oder zum Kleben.

Rund um die Pechsteine wurden Keramikscherben gefunden, welche noch Pechreste enthielten. Außerdem fand man durchgeglühte Lehm- und Steinbrocken und so konnte einwandfrei nachgewiesen werden, dass hier Pech produziert wurde.

Ausgangspunkt: Kneisting

GPS-Daten:

N 48° 44.947

E 013° 16.148

Rast bei Thurmannsbang

Rast heißt eine Felsformation bei Thurmannsbang, auf welcher Schalensteine und Rinnen im Felsen zu sehen sind. Laut alter Sage soll hier Jesus gerastet haben und der Stein hat sich erweicht um es ihm bequemer zu machen; noch heute sieht man diese Abdrücke.

Interessant an dieser Stelle ist, dass man einen freien Blick auf die Großen und den Kleinen Rachel hatte. Auf diese Weise wurden die Schalen vielleicht als Kalender genutzt. Der Sonnenaufgang zeigt sich an einem bestimmten Tag in der Mitte der beiden Berge.

Ausgangspunkt: Thurmannsbang

GPS-Daten:

N 48° 46.217

E 013° 19.623

Großer Schalenstein bei der Saldenburg

Wenn man hinter der Burg Saldenburg in den Wald geht, kommt man zu einem großen Schalenstein, auf welchem sich mehrere große Schalen befinden. Einige sehen aus wie Sessel, als könnte man sich auf den Stein setzen und die Füße herunterbaumeln lassen.

Oben auf dem Stein sind zwei Schalen, in denen meistens das Wasser steht. Eine davon ist sehr groß. Sie wäre ideal, um darin zu baden. Diese hat auch eine Rinne, aus der das Wasser, wenn es eine bestimmte Höhe erreicht hat, auslaufen kann.

Ob und welche Bedeutung dieser Stein für unsere heidnischen Vorfahren hatte, ist leider nicht überliefert – dass er ihnen aber bekannt sein gewesen dürfte, ist sicher, da in dieser Gegend Werkzeug aus der Mittelsteinzeit gefunden wurde, hier also mindestens seit 5500 v. Chr. Menschen lebten.

Ausgangspunkt Saldenburg

GPS-Daten:

N 48° 46.566

E 013° 21.200

Um die Schalen zu sehen, würde ich eine Leiter empfehlen, da der Stein etwa zwei Meter hoch ist und man nur sehr schwer hinaufkraxeln kann.

Sesselsteinkapelle

In der Nähe von Saldenburg, gleich neben der B85, ist im Wald eine kleine Kapelle, welche an einem Stein gebaut ist. In den Stein vertieft, befinden sich auf dessen Oberseite einige Schalen.

Der Sage nach sind hier Josef und Maria mit dem Jesukindlein vorbeigekommen, als sie auf der Flucht nach Ägypten waren. Auf diesem Stein machten sie Rast. Dort wo Josef und Maria saßen, erweichte sich der Stein, so dass die Sessel heute noch zu sehen sind, welchen die Kapelle auch ihren Namen verdankt.

Zwei weitere Schalen befinden sich auf dem Felsen. In einem soll das Jesukindlein gebadet worden sein und in dem anderen machten Josef und Maria dem Jesukindlein ein Mus zum Essen. In einer der beiden Schalen ist tatsächlich sehr oft Wasser enthalten.

Eine weitere Sage lautet, dass ein Bauer eine Frau hatte, welche unter einer sehr schmerzhaften Gliederkrankheit litt. Eines Nachts träumte er von der Heiligen Familie auf diesem Stein, auch sah er das Wasser in einer der Schalen stehen. Die Gottesmutter gab dem Bauern den Rat, dieses Wasser für seine Frau zu holen und es ihr zu trinken zu geben, dadurch solle sie geheilt werden. Der Mann vergaß aber den Traum am nächsten Morgen. Am anderen Tag hatte die kranke Frau den gleichen Traum und die Gottesmutter sagte ihr darin, dass sie bald gesund werde, wenn sie dieses Wasser trinken würde. Die Frau erzählte es am nächsten Morgen ihrem Mann und diesem fiel sofort sein Traum wieder ein. Da holte er das Wasser, gab es seiner Frau zu trinken und diese wurde schnell gesund. Daraufhin ließ der Bauer an dem Felsen eine Kapelle errichten und bald wurde ein Wallfahrtsort daraus.

Diese Sagen deuten darauf hin, dass dieser Ort ein Kultort ist und dieser wahrscheinlich schon zu heidnischen Zeiten genutzt wurde. Eine Schale, in der oft Wasser steht, obwohl diese hoch am Felsen ist, ist ewas Besonderes.

Die zweite Schale, wo das Mus gekocht wurde, könnte tatsächlich zum Bereiten eines Muses benutzt worden sein, vielleicht eines mit psychoaktiven Pilzen, um sich zu berauschen. Aber wie kocht man in dieser Steinschale? Ganz einfach, das Mus einfüllen und dann im Feuer erhitzte Steine in die Schale legen, damit diese das Mus erhitzen.

Die beiden Sessel könnten zur Sternenbeobachtung eingesetzt worden sein. Das kann man selber probieren, indem man sich in die Sessel sitzt, den Kopf nach hinten auf den Stein legt und so nach oben schaut. Vielleicht sah man dann tatsächlich die Heilige Familie vorbeiziehen, indem man die Planeten am Himmel vorbeiziehen sah. (Mars, Jupiter und Saturn galten als männliche Planeten und die Venus als weiblicher Planet.)

Vielleicht wurde auch die Schale, in der das Wasser steht, in der Nacht als Spiegel für den Sternenhimmel genutzt. Dort wurden den Menschen die Planeten gezeigt, damit sie dann, wenn sie in den Sesseln saßen, wussten, wo sie hinschauen mussten.

Ausgangspunkt: Saldenburg

GPS-Daten:

N 48° 46.551

E 013° 22.183

Zigeunerbrunnen

Wenn man vom Wackelstein dem Wanderweg zum steinernen Kirchlein folgt, kommt man an einer feuchten Stelle des Wanderweges vorbei. Unter einem Stein, neben dem Wanderweg, entspringt hier eine Quelle und fließt über den Wanderweg.

Diese Quelle wurde früher als Zigeunerbrunnen bezeichnet. Seit einiger Zeit fehlt dieses Schild aber, da das Wort Zigeuner etwas in Verruf gekommen ist.

Ob diese Quelle eine besondere Bedeutung hatte, kann nicht mehr gesagt werden, aber der Name und die Nähe zum steinernen Kirchlein sprechen dafür. Für unsere heidnischen Vorfahren gehörten oft eine Quelle und ein Stein zusammen zu einem Heiligtum. Sie beteten zu ihren Göttern an Quellen, heiligen Bäumen oder heiligen Felsen. (Quellen-, Baum- und Steinkult) Dies alles wäre in der näheren Umgebung zu finden.

Ausgangspunkt: Loh

GPS-Daten:

N 48° 47.658

E 013° 18.681

Steinernes Kirchlein

Als steinernes Kirchlein ist eine Felsnische mit einem eisernen Kreuz bekannt. Um dieses Kreuz werden von den Menschen Kerzen, Engels- oder Marienfiguren aufgestellt.

Diese Felsnische befindet sich inmitten eines großen Felsenlabyrinths. Dies ist ein großer Felsen, durch den einige Gänge oder Schlupfe führen.

Dieser Ort eignet sich ideal für die heidnischen Rituale, so dass dieser sicherlich von unseren nichtchristlichen Vorfahren genutzt wurde.

Ausgangspunkt: Loh

GPS-Daten:

N 48° 47.634

E 013° 18.779

Schalensteine um die Felsen-kapelle und den Wackelstein

Ausgangspunkt: Loh bei Thurmannsbang

Schalenstein 1
GPS-Daten:
N 48° 47.205
E 013° 18.540

Schalenstein 2
GPS-Daten:
N 48° 47.227
E 013° 18.522

Schalenstein 3
GPS-Daten:
N 48° 47.228
E 013° 18.514

Fels mit Gesicht
GPS-Daten:
N 48° 47.229
E 013° 18.490

Fels mit Gesicht

Schalenstein 1

Schalenstein 2

Schalenstein 2

Schalenstein 3

Wackelstein bei Loh/Thurmansbang

Ein etwa drei Meter hoher und tonnenschwerer Felsbrocken, welcher auf einem noch größeren Felsen liegt, lässt sich mit Muskelkraft zum Wackeln bringen, weshalb dieser auch den Namen Wackelstein bekommen hat.

In unmittelbarer Nähe um diesen Felsen befinden sich weitere kleine, ähnliche Felsen, welche sich aber nicht wackeln lassen.

Ob dieser Stein eine kultische Bedeutung für unsere heidnischen Vorfahren hatte, lässt sich nicht nachweisen, da es aber um diesen Stein mehrere Schalensteine gibt, ist dieses nicht auszuschließen, vielmehr ist es wahrscheinlich.

Der Wald um diesen Wackelstein weist viele Buchen auf, welche seltsam krumm gewachsen sind oder krebsartige Auswucherungen haben. Dies deutet auf Erdstrahlung hin, welche sicher auch schon unseren heidnischen Vorfahren aufgefallen ist und den Ort für sie so besonders machte.

Am besten sieht man diese Bäume, wenn man den Wanderweg vom Wackelstein weiter zum steinernen Kirchlein geht.

Ausgangspunkt: Loh

GPS-Daten:

N 48° 47.842

E 013° 19.057

Sankt Hermann

Der Ochsentritt im Pointloch

Vor langer Zeit fuhr ein Holzhauer mit seinen Ochsen einen Baumstamm von der Breitenau herunter und wollte ihn nach Bischofsmais zu einer Säge bringen. Plötzlich, kurz vor dem Bach, über den eine Brücke führte, scheuten die Ochsen und gingen keinen Schritt mehr weiter. So sehr der Holzhauer auch probierte die Ochsen anzutreiben, rührten sie sich keinen Millimeter. Einer der Ochsen wehrte sich so stark, dass sich sein Huf in den darunter liegenden Stein abdrückte und dieser Hufabdruck heute noch zu sehen ist, der sogenannte Ochsentritt vom Pointloch.

Durch das Ziehen des Holzhauers und weil sich die Ochsen so dagegen wehrten, löste sich der Baumstamm und fiel vom Wagen auf den Boden. Als sich der Holzhauer das ansah, staunte er nicht schlecht: Der Holzstamm war aufgesprungen und heraus fiel die fertig geschnitzte Figur des St. Hermann.

Ein Wunder war geschehen. Die Bischofsmaier nahmen die Figur und brachten sie in die Dorfkirche. Aber als sie am nächsten Tag nach der Figur schauten, war sie verschwunden. Kurz Zeit später tauchte sie im Pointloch wieder auf.

Die Bischofsmaiser sahen das als ein Zeichen an, dass die Figur dort bleiben wollte.

So bauten sie in der Nähe eine runde Kapelle und stellten sie dort hinein. Aber auch hier verschwand die Figur wieder und wurde an der ursprünglichen Stelle wieder gefunden.

Nun erinnerten sie sich, dass der heilige Hermann früher in einer Holzklause nahe der runden Kapelle gelebt hatte. Also bauten sie eine solche neben die Kapelle und stellten dort hinein die Figur des St. Hermann. Und siehe da, die Figur blieb in der Kapelle, wo sie heute noch steht.

Ausgangspunkt: St. Hermann
GPS-Daten Ochsentritt:
N 48° 54.933
E 013° 04.092

Heilquelle bei St. Hermann

St. Hermann ist ein Wallfahrtsort bei Bischofsmais, hier soll vor vielen Jahren der St. Hermann seine Klause gehabt haben und für einige Jahre dort gelebt haben. Über die ursprüngliche Quelle wurde eine runde, die sogenannte Quellenkapelle gebaut, weiter unten fließt diese nun in einen Wassergrand.

Diese Quelle soll besonders gut bei Augenleiden helfen.

Ob diese Quelle schon in heidnischer Zeit eine Bedeutung hatte, kann nicht mehr genau gesagt werden, es deutet aber einiges darauf hin.

Erstens, dass man außerhalb des Dorfes über eine Quelle eine katholische Kapelle baut, vielleicht um den heidnischen Ort christlich zu machen.

Zweitens, dass in der hölzernen Kapelle lauter Votivgaben aus Holz geschnitzt sind, wie Arme, Beine, Hände und Füße. Diese wurden als Dankeschön für eine erfahrene Heilung dorthin gebracht. Unsere keltischen Vorfahren hatten diesen Brauch auch schon. Wenn diese ein Wehleiden an bestimmten Körperteilen hatten, so schnitzten sie diese nach und brachten diese als Opfergabe an eine heilige Quelle. Wahrscheinlich wurde dies schon zu vorchristlicher Zeit an diesem Ort gemacht und dann von der Katholischen Kirche übernommen.

Drittens gab es an diesem Ort das sogenannte Hirmonhopsn. Hier stand und steht eine Holzfigur des St. Hermann in der Kapelle, welche einen losen Kopf hat.

Hier war es früher der Brauch, dass ledige Frauen diese Figur hoch hoben und runter setzten (hopsten). Nickte der Kopf, so war dies ein Zeichen, dass die ledige Frau einen Bräutigam bekam. Dies erinnert eher an einen heidnischen Fruchtbarkeitskult, als an ein Ritual der Katholischen Kirche.

Hl. Hermann, bitte für uns!

Wasser des Lebens
Der Herr ist mein Hirte, nichts wird mir fehlen, er lässt mich lagern auf
grünen Auen und führt mich zum Ruheplatz am Wasser.
(Ps 23)
5
Wasser spendet Leben- und Heilung. Der Legende nach soll der selige Hermann diese Quelle aus dem Boden hervorgebracht haben. Mit ihrem Wasser wurden nach dem sogenannten Mirakelbuch zahlreiche Menschen geheilt. Pilger kommen heute noch hierher, um sich die müden Glieder mit dem „heilenden" Quellwasser zu waschen. Wasser bedeutet (neues) Leben.
Ist mir die Bedeutung des Wassers klar?
Gebrauche ich es mit Bedacht oder betrachte ich es
als selbstverständliches Gut?

+ Quelle + des + Hl. + Hermann

Der selige Einsiedler

Hermann,

geboren zu Heidelberg in Baden, legte in Köln am Rhein das Gelübde der freiwilligen Armuth ab und kam als Beghaarde auf seiner Wanderschaft durch Deutschland und Bayern nach dem ehemaligen Benediktinerkloster Niederalteich, wo er im Jahre 1320 als Laiennovize eintrat. Nach abgelegter Profeß begab er sich im Jahre 1322 mit Erlaubniß seines Abtes in die Einsamkeit, zuerst hieher nach St. Hermann, woselbst er neben seiner Zelle zu Ehren seines Patrones, des seligen Hermann Josef, eine Kapelle erbaute und damit diese Wallfahrt begründete; später gieng er in die Frauenau, deßen erster Bewohner er war, und wo er auch im Jahre 1326 starb. Seine Ruhestätte fand er vor dem Portale der Klosterkirche zu Rinchnach.

Der selige Einsiedler

Otto

theilte Geburtsort und Lebensweise vollständig gemeinsam mit seinem Vetter, dem seligen Hermann, trennte sich aber im Jahre 1322 von demselben und begab sich dann als Profeßpriester in die Einsiedlerzelle des hl. Ap. Johannes in das heutige St. Iwan oder St. Johann unter dem Felsen in Böhmen. Im Jahre 1332, sechs Jahre nach dem Tode des seligen Hermann, bezog er deßen Zelle in der Frauenau, welche er jedoch im Jahre 1341 wieder verließ und in einer Zelle auf dem Frauenberge bei Hengersberg seine letzten Lebenstage zubrachte. Im Jahre 1344 starb er dann und wurde im Herren-friedhofe des Klosters Niederalteich in der Nähe des Altares des heil. Benedikt und des heil. Gotthard zur Ruhe bestattet.

Der selige Einsiedler

Hartwig,

aus dem berühmten Geschlechte der Degenberger, war Ritter auf der Burg Weissenstein und Erbhofmeister des Kaisers Ludwig des Bayern. Im Jahre 13[illegible] baute er an die Stelle der kleinen Zelle des seligen Hermann eine größere mit einer Mutter-Gottes-kapelle, welcher Ort von da an Frauenau genannt und von den sel. Einsiedlern Otto und Degenhard bewohnt wurde. Im Jahre 1341 schenkte er Frauenau mit einem bedeutenden Ländergebiete dem ehemal. Benediktinerkloster Rinchnach und begab sich in eine Zelle auf dem Frauenberge bei Hengersberg, wo er als Einsiedler seine alten Tage Gott weihte. Nach seinem Tode wurde er in der Laurentiuskapelle der Benediktiner-klosterkirche zu Metten, der Familiengrabstätte seines Geschlechtes beigesetzt.

Der selige Einsiedler

Degenhard,

ein Sohn des Ritters Conrad von Pruck, verließ im Jahre 1338 in der Blüthe seiner Jugend die Welt, nahm vom seligen Otto das Eremitenkleid und lebte mit demselben bis zum Jahre 1341 in der Frauenau und bis zu deßen Tode im Jahre 1344 am Frauenberge bei Hengersberg. Dann baute er auf der Zellwiese bei Oberbreitenau im Pfarr-

Quer durch den Bayerischen Wald

Die Todtenau

Die Todtenau ist ein Moorgebiet im Bayerischen Wald, nahe Kirchberg, es ranken sich einige Sagen um dieses Moor.

Eine Hexe soll in diesem Moor leben, die ahnungslose Wanderer in die Irre lockt, um sie im Moor zu versenken. Wer diese Hexe beim Schlaf stört und entdeckt wird, ist verloren.

Es soll Irrlichter in diesem Moor geben. Wenn man bei Nacht durch dieses Moor geht, kann man sie sehen. Wer sich von ihnen ablenken lässt und vom Weg abkommt, versinkt im Moor.

Als die Pest im Bayerischen Wald hauste, wurden die Toten der Umgebung in diesem Moor versenkt. Da sie nicht in geweihten Erde begraben sind, müssen sie heute noch dort umgehen und weizen.

Dort, wo jetzt dieses Moor ist, soll vor langer Zeit einmal ein Dorf gestanden haben. Weil die Menschen in diesem Dorf aber sehr schlecht waren, ist es einfach im Moor versunken.

Heute soll man immer noch die Glocken der Kirche läuten hören, wenn ein großes Unglück bevorsteht.

Mit dem Dorf soll ein großer Schatz untergegangen sein. Manche wollten den Schatz schon suchen und heben; sie kamen nie mehr aus dem Moor zurück.

Wahrscheinlich hat sie die Moorhexe geholt.

Dösingerried

Bei Dösingerried soll es in früheren Zeiten einmal eine schreckliche Schlacht gegeben haben, bei der viele Menschen ihr Leben verloren haben. Die Erde bei Dösingerried soll heute noch rötlich eingefärbt sein vom Blut der Toten.

Dort, wo sich dieses Gemetzel abgespielt haben soll, ist die Erde verflucht. Die Vegetation darauf soll nur sehr schlecht oder verkrüppelt wachsen.

Die Urheber dieser Schlacht müssen heute noch an der Stelle umgehen, weil sie keine Ruhe finden. Wenn man spät abends an dieser Stelle vorbeigeht, hört man immer noch das Schlachtgetöse und das Jammern der ruhelosen Feldherren.

Ausgangspunkt: Dösingerried, Dornhof oder Höllmannsried

GPS-Daten:

N 48° 53.082

E 013° 08. 249

Degenhardt-Kapelle auf der Zellwiese

Im Jahre 1344 erbaute der Eremit Degenhardt eine Kapelle im Wald auf der Breitenau und lebte dort etwa 30 Jahre bis zu seinem Tod. Diese Kapelle ist leider nicht mehr erhalten, dafür wurde im Jahr 2000 eine wunderschöne neue Kapelle erbaut und eingeweiht.

Laut alter Sage gab es um die alte Kapelle des Degenhardt eine Befestigung, welche auch verteidigt werden konnte. Im Dreißigjährigen Krieg kamen die schwedischen Truppen nach Bayern, sie beraubten und brandschatzten die katholischen Klöster. So hatten die Mönche von Niederalteich Angst um ihren Klosterschatz. Sie waren der Meinung, dass die Schweden sicher nicht in den Bayerischen Wald, damals Nordwald genannt, kommen würden, da dieser zu abgeschieden war und nur kleine Siedlungen hatte, welche es nicht lohnen würde zu plündern.

So fiel ihnen die Degenhardtkapelle ein, welche ja in ihrem Besitz war und dort versteckten sie ihren Klosterschatz.

Die schwedischen Truppen aber kamen in den Bayerischen Wald und erfuhren von dem versteckten Schatz. Sie griffen die umfriedete Kapelle an, die mutig von den Mönchen verteidigt wurde. Aber diese konnten der Übermacht nicht standhalten. Viele Mönche wurde getötet, aber sie schafften es irgendwie, den Schatz noch zu verstecken. Nun wurden die überlebenden Mönche gefoltert, damit sie den Schweden den Ort des Verstecks verraten. Aber keiner verriet den Ort und so starben auch die letzten der Mönche unter der Folter.

Angeblich ist dieser Klosterschatz immer noch auf der Breitenau versteckt.

Ausgangspunkt: Bischofsmais
GPS-Daten
N 48° 55.253
E 013° 02.939

Wachtstein

Woher der Wachtstein seinen Namen hat, kann man heute nicht mehr genau sagen. Bekannt ist, dass der Gipfel früher baumfrei war, vermutlich weil der Wald für die Glashütten abgeholzt wurde, wie zum Beispiel für die in der Unterbreitenau.

So war der ganze Kamm von der Rusel bis zum Geißkopf und darüber hinaus baumfrei und anstelle des heutigen Waldes gab es dort Wiesen und Felder.

Den Stein konnte man von den umliegenden Dörfern in der Deggendorfer Richtung, wie zum Beispiel aus Wühnried sehen. Auch vom Stein aus hatte man wahrscheinlich eine weite Sicht in den Bayerischen Wald oder in die Donauebene.

Der Name könnte daherkommen, dass Hirten auf diesem Stein saßen und den Tieren beim Weiden zusahen, weil sie hier einen guten Überblick hatten.

Oder vielleicht diente er früher, zu keltisch bzw. später romanischer Zeit, als Aussichtsposten, von dem aus man über den damaligen Gabreta hyle blickte, wie das Waldgebiet damals genannt wurde. Gabreta hyle heißt übersetzt „Steinbockwald“. So merkte man frühzeitig, ob sich durch den Wald Gefahr durch germanische Stämme aus dem Böhmischen Kessel näherte.

Welchem Umstand genau der Stein seinen Namen zu verdanken hat, werden wir wohl nie erfahren.

Die eingemeißelten Buchstaben JZ weisen auf den Besitzer des Waldes, Josef Zitzelsberger, hin.

Der Gipfel hat 874 Meter.

Wollsackverwitterung

Unter diesem Begriff versteht man, wenn das Gestein verwittert. Der Bayerische Wald ist eines der ältesten Gebirge auf der Erde, so ist das Grundgestein, der Granit, schon sehr lange der natürlichen Verwitterung ausgesetzt. Besonders merkt man das, wenn das Gestein an der Oberfläche und es der Witterung, wie Regen und Frost, frei ausgesetzt ist.

Die großen Felsen zerfallen langsam und bilden zum Teil skurrile Steinformationen, wie zum Beispiel am Teufelstisch oder am Dreisessel.

Ausgangspunkt: Burggrafenried

GPS-Daten:

N 48° 56.840

E 013° 00.757

Rote Kapelle bei March

Als rote Kapelle wird eine kleine Kapelle außerhalb des Dorfes March bezeichnet. Diese Kapelle ist an der ehemaligen Grenze des Klosters Metten zu den Besitztümern des Klosters Niederaltteich. Weshalb sie auch ihren Namen hat, welcher nicht von der Farbe Rot kommt, sondern vom Roden. Es ist eine Rodungskapelle, bis hierher durfte von Kloster Metten gerodet werden, dies war die Grenze. Also sollte diese Kapelle eigentlich Rodungskapelle heißen, aber im Laufe der Zeit wurde die rote Kapelle daraus.

Interessant ist auch die Steinsäule abseits der Kapelle neben dem Feld, diese ist wahrscheinlich älter als die Kapelle und zeigt die ehemalige Rodungsgrenze an.

Es gibt auch im bayerisch-österreichischen Raum viele Steinsäulen oder Marterl mit dem Namen „Rote Marter“. Diese sind ebenfalls nicht rot, sondern stammen vom Roden ab. Diese Säulen wurden an die Rodungsgrenzen gestellt, damit die Bauern bzw. Mönche wussten, wie weit sie roden durften. Im Laufe der Zeit wurden dann diese Rodungsmarterl zu roten Marterln. Oft wurde dann dort noch eine Geschichte dazu erfunden, dass jemandem irgendetwas passiert ist, damit der Name passte. Wie zum Beispiel, dass jemand dort angebunden wurde und von roten Ameisen malträtiert wurde. Aber wenn man die alten Landkarten ansieht, stehen diese immer an den Grenzen von Adels- oder Kirchenbesitztümern.

Das Wort Roden bedeutet, dass der ehemalige Urwald des Bayerischen Waldes urbar gemacht wurde, damit die Menschen dort siedeln konnten und einen Lebensraum hatten.

Ausgangspunkt: March
GPS-Daten:
N 48° 58.165
E 013° 04.281

St. Wolfgangkapelle bei Böbrach

Etwas oberhalb des Ortes Böbrach liegt idyllisch eine kleine Kapelle, die dem heiligen Wolfgang geweiht ist. Die erste Kapelle war aus Holz und soll um das Jahr 1600 entstanden sein. 1776 soll dann diese abgerissen und durch die jetzige aus Steinen errichtete Kapelle ersetzt worden sein. Hinter der Kapelle ist ein großer Felsüberhang, welcher teilweise über die Kapelle reicht. Von der Kapelle aus hat man einen wunderbaren Ausblick über die Gegend um Böbrach.

Warum diese Kapelle genau an diesem Ort erbaut wurde, dazu gibt es zwei Sagen.

Um das Jahr 980 n. Chr. reiste der damalige Bischof von Regensburg, der später zum Heiligen gesprochene Wolfgang, nach Böhmen. Als er in der Nähe des heutigen Ortes Böbrach war, zog ein großes Gewitter auf und der Bischof suchte Schutz unter diesem Felsüberhang, welcher heute noch über die Kapelle ragt. Um an die Anwesenheit des heiligen Wolfangs zu erinnern, wurde später diese Kapelle errichtet.

Eine weitere Sage erzählt, dass der heilige Wolfgang sich hier eine kleine Einsiedelei mit einer Kapelle errichtet hatte. Der Teufel, der damals im Bayerischen Wald noch sehr präsent war, wollte dies nicht dulden, so wollte er den riesigen Felsen über der Kappele lockern und die darunterliegende Kapelle zerstören. Der heilige Wolfgang aber, dieser war damals schon für seine übermenschliche Kraft bekannt, stützte den Felsen mit seinen Händen ab, so dass dieser nicht weiterrollen konnte. Heute sieht man immer noch die

Hand- und Fingerabdrücke des Heiligen im Felsen, genau über der Kapelle.

Diese zweite Sage weist meiner Meinung nach auf einen kultischen Platz unserer Vorfahren hin. Über der Kapelle sind im Stein Vertiefungen und Löcher zu sehen, praktisch wie Opferschalen, nur umgekehrt über dem Kopf. Dies und die wunderbare Aussicht machten den Platz zu einem besonderen, vielleicht sakralen Ort unserer heidnischen Vorfahren.

Die Vertiefungen im Stein sind sicherlich auf natürliche Weise entstanden. Im Granit kommt es ab und zu vor, dass härteres Gestein eingeschlossen wird. Wenn der Granit dann so weit verwittert ist, dass sich dieses eingeschlossene härtere Gestein lockert, fällt es heraus und hinterlässt Vertiefungen oder Löcher.

Interessant ist aber schon der Zeitraum um 980, wo der Heilige dort durchgereist sein soll, denn der Ort Böbrach entstand angeblich erst um das Jahr 1100, wie die meisten Orte des mittleren Bayerischen Waldes. Also dürfte es damals keine Orte und Wege in dieser Gegend gegeben haben.

Neueste Erkenntnisse zeigen aber, dass der Bayerische Wald, seit 3500 vor Christus durchgehend besiedelt war, sicherlich nicht mit großen Orten, aber mit kleinen Siedlungen.

Der heilige Wolfgang, welcher 972 n. Chr. zum Bischof von Regensburg geweiht wurde, war als Missionar der Heiden bekannt. So kann es tatsächlich sein, dass dieser in die Gegend von Böbrach gereist ist, um dort die Heiden zu bekehren. Böbrach gehört bis heute noch zum Bistum Regensburg.

So bekommt diese zweite Sage eine neue Bedeutung. Der heilige Wolfgang vertrieb die alten Götter (den Teufel) von diesem sakralen Ort und hinterließ dafür seine Abdrücke.

Ausgangspunkt: Böbrach

GPS-Daten:

N 49°03.914

E 013°02.080

IHS

Die Höhle am Großen Arbersee

Einsiedler am Großen Arbersee

In dieser Höhle soll um 1800 ein Einsiedler namens Anselmus gelebt haben. Er verdiente sich nebenbei Geld als Schwellwärter. Der Arbersee wurde angestaut und dann bei der Holztrift wurde das Wasser abgelassen. Damit wurden die Bäume ins Tal befördert. Der Einsiedler lebte damals in einer Höhle, etwa 100 Meter vom See entfernt, was genau auf diese Höhle zutrifft. Darin hatte er sein Wohnquartier und eine kleine Kapelle. Um das Jahr 1805 starb der Einsiedler und wurde laut Erzählungen in dieser Höhle beerdigt.

Lebte der Mühlhiasl in dieser Höhle

Laut alten Erzählungen wurde der Stormberger/Mühlhiasl im betagten Alter am Arbersee von einem Bären angegriffen. Der Hiasl konnte diesen zwar überwältigen und töten, wurde aber dabei so schwer verletzt, dass er nicht mehr in sein Dorf nach Rabenstein gehen konnte. Noch dazu brach der Winter ein, so beschloss der Hiasl in der Bärenhöhle, in der Nähe des Arbersees, zu überwintern. Durch das Bärenfleisch und dessen Fell überlebte er. Im Frühling machte sich der Hiasl auf den Rückweg nach Rabenstein. Er war so stark geschwächt, dass er kurze Zeit darauf verstarb.

Die Wehrmacht am Großen Arbersee

Laut Erzählungen von Zeitzeugen wurden am Ende des Zweiten Weltkrieges Waffen in den See und in eine Höhle am See geworfen. Die Höhle wurde danach mit Sprengstoff zum Einsturz gebracht. Diese Höhle in der Nähe des Arbersees scheint groß genug für ein solches Waffenlager und sie ist eingestürzt. Anhand der Spuren scheint dies zudem mit Sprengstoff gemacht worden zu sein.

Genauere Untersuchungen wären hier leider zu gefährlich, da niemand weiß, welche Waffen damals versteckt worden sind.

Ausgangspunkt: Großer Arbersee

GPS-Daten:

N 49° 05.738

E 013° 09.149

Grab des Schriftstellers und Dichters Siegfried von Vegesack

Siegried von Vegesack war ein bekannter Dichter, welcher in einem noch intakten Gebäude der Burgruine Weißenstein lebte. Da die Unterhaltung des Hauses sehr viel Geld kostete, nannte er es das „Fressende Haus“.

In diesem Gebäude ist heute ein Museum untergebracht.

Der Dichter hatte vor seinem Ableben einen letzten Wunsch, er wollte im Wald neben dem Quarzpfahl beerdigt werden. Dies war aber damals schon nicht mehr erlaubt, dass jemand außerhalb des Friedhofs beigesetzt wurde. Um dies zu erreichen, heckte der ehemalige Bürgermeister von Regen mit den Weißensteinern eine List aus, um dies trotzdem zu ermöglichen.

Am 26.01.1974 starb Vegesack und wurde tatsächlich an seinem Lieblingsplatz begraben.

Etwas unterhalb des Grabes sind noch einige Reste eines Betonsockels zu sehen, hier stand von 1920 bis 1948 schon ein Windrad, welches Vegesack zur Stromerzeugung diente. Er war also damals schon seiner Zeit weit voraus.

Ausgangspunkt: Weißenstein

GPS-Daten

N 48° 56.909

E 013° 08.819

Gabriele von
Vegeſack
geb. Ebermayer
geb. 10. Auguſt 1903
geſt. 4. Mai 1972
Ein Atemzug
Waſ iſt
dieſeſ Leben ?
Nur Schein
und Trug?
Ein Atemzug
von Gott:
Er atmet unſ
inſ Daſein auſ,
und iſt'ſ genug
dazu atmet er unſ
wieder ein.
All unſer Sein
iſt nur ein kurzer
Atemzug
woher wir kommen
gehen wir wieder ein !

Steinernes Tor am Kiesruck

Der Kiesruck ist ein 1265 Meter hoher Berg, welcher im Erweiterungsschutzgebiet des Nationalparks liegt und wegen dem Auerhahnschutzgebiet nur von Mitte Juli bis Mitte November zu begehen ist.

Auf dem Gipfel des Kiesruck befindet sich ein Felstor, welches sehr beeindruckend ist.

Etwas oberhalb des Tores ist das wunderschöne Gipfelkreuz zu sehen.

Ausgangspunkt: Wanderparkplatz Buchenau

GPS-Daten:

N 49° 03.157

E 013° 20.723

Das Felsbild beim Doggabrunnen bei Auerkiel

Doggabrunnen deshalb, weil Dogga auf Bayerisch Puppe heißt und nahe einer Quelle in einem Stein das Gesicht einer Frau eingemeißelt wurde.

Sage:

Auf dieser Anhöhe, wo der Doggabrunnen ist, arbeiteten vor vielen Jahren Steinmetze und schlugen aus den Felsen Wassergrände und Futterborne.

Eines Tages, als ein Steinmetz gerade seiner Arbeit nachging, zog ein Gewitter herauf. Der Mann konnte sich gerade noch unter einen kleinen Felsüberhang flüchten, wo er zumindest vor dem Regen sicher war.

Das Gewitter wurde immer stärker und die Blitzeinschläge kamen immer näher, da bekam es der Mann mit der Angst um sein Leben zu tun und fing an zur Mutter Gottes zu beten, nebenbei meißelte er das Gesicht der Gottesmutter in den Felsen, dass sie ihm beistehen sollte.

Der Steinmetz kam unbeschadet davon und seitdem ist das Gesicht im Felsen.

Eine andere Sage erzählt:

Ein Steinmetz verewigte das Gesicht seiner Tochter im Stein, welche im Kindesalter verstorben war.

Wann dieses Gesicht in den Stein geschlagen wurde, kann man nicht mehr sagen. Es wird von einem Alter zwischen 200 und 300 Jahren ausgegangen.

Ausgangspunkt: Auerkiel
GPS-Daten:
N 49° 01.952
E 013° 05.370

Teufelstränke auf der Käsplatte

Von Kolmberg, bei St. Englmar, kann man auf den Berg Käsplatte gehen. Am Gipfel ist ein kleines Blocksteinmeer, wodurch er baumfrei ist und so einen herrlichen Ausblick bietet.

Diese Blocksteinmeere waren für unsere Vorfahren immer schon von kultischer Bedeutung, wahrscheinlich weil diese das Sonnenlicht reflektieren. Da ist es kein Wunder, dass etwas unterhalb des Gipfels ein wahrscheinlich natürlich entstandener Schalenstein ist, welcher vielleicht etwas nachgearbeitet wurde, da eine Ablaufrinne zu sehen ist.

Dieser Schalenstein wird im Volksmund Teufelstränke genannt, also eine Tränke, aus welcher der Teufel trinkt. Wenn der Name Teufel auftaucht, war dies meistens ein heidnischer Kultort; die alten Götter wurden später als Teufel verrufen.

Ausgangspunkt: St. Englmar

GPS-Daten:

N 49° 02.322

E 012° 48.480

Druidenfelsen bei Ludwigsthal

Der Druidenfelsen bei Ludwigsthal ist ein großer Felsen, der auf der einen Seite einen ca. 10 Meter tiefen Abhang hat. Auf dem Felsen oben drauf wurde ein Kreuz aufgestellt.

Ob dieser Felsen je eine heidnisch-kultische Bedeutung hatte, kann heute leider nicht mehr gesagt werden, es ist außer dem Namen nichts darüber überliefert.

Was aber dafür sprechen würde, ist, dass er ein hoher Fels ist, ähnlich wie andere Druidenfelsen in anderen Gegenden, wo die Druiden geopfert haben. Bei den anderen Felsen wurden dort Keramikgefäße von den Druiden in die Tiefe geworfen und als Opfer an die Götter zerstört.

Auch geht an diesem Felsen einer der ältesten Säumerwege vorbei; dieser Weg geht von Deggendorf nach Böhmisch Eisenstein und wurde wahrscheinlich schon in keltischer Zeit zum Salzhandel genutzt. Was dann dafür sprechen würde, dass den Kelten dieser Stein bekannt war.

Ausgangspunkt: Ludwigsthal

GPS-Daten:

N 49° 02.898

E 013° 14.284

Teufelsfelsen bei Frauenau

Bei Oberlüfftenegg in der Nähe von Frauenau ist ein kleiner Berg, welcher Hollerriegel genannt wird. Auf diesem befindet sich ein Stein mit seltsamen Abdrücken, welche den Fußspuren des Teufels zugeschrieben werden.

Neben dem Stein ist ein Schild mit einer Teufelsmaske oben drauf, das auf den Ort hinweist.

Auf eine heidnisch-kultische Bedeutung dieses Ortes weist nicht nur der Name Teufelsfelsen hin, da die alten Götter und deren Kultorte als teuflisch verrufen wurden, sondern auch der Name des Riegels. Der Hollerriegel könnte mit der Frau Holle (die germanische Göttin Hulda) zu tun haben. Vielleicht handelt es sich hier um einen Kultort dieser Fruchtbarkeitsgöttin?

Ausgangspunkt:
Oberlüfftenegg
GPS-Daten Stein:
N 48° 58.439
E 13° 16.938

Teufelstritt bei Lindberg

Etwas unterhalb des Herrgottstritts (mehr dazu im Buch „Mystische Wanderziele“) befindet sich der Teufelstritt.

Dies ist ein kleiner Felsen, der sich neben dem Wanderweg befindet und mit Moos überwachsen ist. Entfernt man das Moos, sieht man eine Rinne über den Stein verlaufen. Dies sieht so aus, als wenn der Teufel mit seinen Hufen auf dem Stein ausgerutscht ist und mit den Hufen eine Kratzspur hinterlassen hat.

Ausgangspunkt: Lindberg

GPS-Daten:

N 49° 02.718

E 013° 15.419

Habichtsstein

Der Habichtsstein ist eine etwa 8 Meter hohe Felsformation, durch welche man in der Mitte durchgehen kann. Die Felsen werden zum Klettern genutzt, woraufhin auch die eingeschlagenen Haken und angeschriebenen Routennamen deuten.

Warum der Habichtsstein so heißt, kann nicht mehr genau gesagt werden, wahrscheinlich weil es in seiner Nähe Habichte gab, die in den umliegenden Bäumen gebrütet haben. Am Fels brüten Habichte nicht.

Ob dies ein Kultort war, kann nicht gesagt werden, aber auf jeden Fall ist es ein besonderer Ort, da der Fels einen Namen trägt.

Ausgangspunkt: Waldhaus bei Kirchdorf

GPS-Daten:

N 48° 55.559

E 013° 16.663

Elfenbusserl

Treppe auf den Kleinen Falkenstein

Der Kleine Falkenstein ist ein 1190 Meter hoher Felsriegel im Zwiesler Winkel. Seitlich an diesem Felsen scheint einmal eine steinerne Treppe angelegt worden zu sein, welche auf den großen Felsen führte. Der mittlere Teil ist abgebrochen, so dass diese nicht mehr benutzt werden kann.

Wer diese Treppe angelegt hat und wofür diese Treppe angelegt wurde, weiß heute leider keiner mehr.

Ausgangspunkt:
Zwiesler Waldhaus
GPS-Daten:
N 49° 05.279
E 013° 16.365

Das Felsbild von Rehberg

Auf dem kleinen Berg Madlkopf oder auch das Rehberger Madl genannt, befindet sich eine Steinformation, auf deren Seite ein Felsbild aufgemalt worden ist. Dieses ist etwa 3,5 Meter lang und 1 Meter hoch.

Von wem das Bild stammt und wann es entstanden ist, ist nicht bekannt. Laut Untersuchungen ist es zwischen dem 17. und 19. Jahrhundert dort aufgemalt worden.

Auf dem Bild zu sehen sind mehrere Häuser im Fachwerkstil und spitzbogige Tore mit Türmen.

Laut einer alten Sage wurden im Dreißigjährigen Krieg an diesem Felsen ein Ochse und ein Stier geschlachtet, seitdem ist dieser Felsen als die Fleischbank bekannt.

Ausgangspunkt:

Rehberg bei Grainet

GPS-Daten:

N 48° 47.495

E 013° 36.705

Kohlberger Schlupf

Der Kohlberger Schlupf ist eine in den Fels geschlagene Höhle. Diese ist etwa 70 Meter lang. Am Eingang ist die Höhle etwa 1,2 Meter hoch, innen drin erreicht sie aber eine Höhe von 1,8 bis drei Metern, so dass ein ausgewachsener Mensch aufrecht darin gehen kann.

Wer und warum diese Höhle angelegt worden ist, ist nicht genau bekannt. Eine Geschichte besagt, dass die Leute in dieser Gegend sich diese Höhle gemacht haben, um sich im Dreißigjährigen Krieg zu verstecken. Das halte ich aber für relativ unwahrscheinlich. Es muss ein immenser Aufwand sein, diese Höhle in den Fels zu schlagen und dauerte bestimmt viele Jahre. Auch ist sie als Versteck ungeeignet, da es keinen zweiten Ausgang als Fluchtweg gibt. Würde diese Höhle entdeckt, so wär man darin gefangen gewesen.

Die rote Färbung des Gesteins im Inneren der Höhle deutet eher auf einen Erzabbau hin und dass diese Höhle früher ein Bergwerk war.

Etwas unterhalb der Höhle fließt der Osterbach vorbei.

Ausgangspunkt:

Hauzenberg bei Röhrnbach / Steinerleinsbach

GPS-Daten:

N 48° 44.675

E 013° 33.351

Teufelsstein am Rußinger Berg

Im Wald bei Neidlingerberg ist ein Schalenstein mit vier Vertiefungen. Dieser trägt den Namen Teufelsstein. Es gibt zwei verschiedene Sagen, wie dieser Stein entstanden ist.

Teufelssage:

Der Teufel hielt sich einmal im Dorf Hemerau auf. Als er von den Einwohnern bemerkt wurde, sprang er mit einem Satz auf den Rußinger Berg. Die Hemerauer verfolgten den Teufel, um ihn zu fangen. Als sie am Rußinger Berg ankamen, sahen sie diesen auf einem Stein sitzen. Der Teufel bemerkte seine Verfolger und ließ einen Blitz auf sie los, verfehlte sie aber. Der Blitz schlug in den naheliegenden Steinbruch ein. Dann sprang der Teufel wieder mit einem Riesensatz davon und ward nicht mehr gesehen. Dort wo der Teufel am Felsen saß und wegsprang, hinterließ er diese Abdrücke im Stein.

Teufelshund

Ein Mann ging sonntags nicht in die Kirche, sondern lieber in den Wald zum Arbeiten, als er auf einmal schwere Schritte hörte. Als er sich umdrehte, sah er, dass ihm ein großer schwarzer Hund folgte. Der Mann nahm einen Stock und wollte ihn wegjagen, aber der Hund ließ sich davon nicht beeindrucken.

Der Sohn des Mannes, der gerade nachkam, um seinem Vater zu helfen, sah diesen mit dem Hund und ihm war sofort klar, dass es hier nicht mit rechten Dingen zuging.

So zog er seinen Rosenkranz aus der Tasche und zeigte das Kreuzlein dem Hund. Dieser jaulte und war sogleich wie in Luft aufgelöst.

Dort wo der Hund gesessen hatte, hinterließ er die Abdrücke im Stein.

Weitere mystische Begebenheiten um diesen Stein erzählen, dass die Schalen immer voller Wasser sein sollen, egal wie trocken der Sommer ist. Auch soll von dem Stein eine starke Radioaktivität ausgehen, mehr als von dem Boden um den Stein herum.

Der Schalenstein dürfte für unsere heidnischen Vorfahren schon eine Bedeutung gehabt haben, allein der Name Teufelsstein deutet darauf hin. Wenn der Teufel es dann auch noch blitzen lässt, könnte es sich um einen sakralen Ort eines Donnergottes gehandelt haben, welcher später von den Christen als Teufel umgedeutet wurde.

Ausgangspunkt: Hemerau/Neidlingerberg

GPS-Daten:

N 48° 41.276

E 013° 36.957

Teufelssteinbruch am Rußinger Berg

Im Gestein rund um den Steinbruch ist eine schwarze Schicht zu sehen, welche aussieht, als sei diese verbrannt worden. Laut einer alten Sage wurde der Teufel von den Hemerauern verfolgt und ließ dabei einen Blitz in diesen Steinbruch fahren, welche diese schwarze Verfärbung verursachte. Seitdem wird dieser Steinbruch „Teufelssteinbruch“ genannt.

Interessant an dem Steinbruch ist, dass hier anscheinend vor vielen Jahren Autos entsorgt wurden, welche heutzutage Oldtimer wären und rund um die Abhänge des Steinbruchs liegen.

Ausgangspunkt: Hemerau/Neidlingerberg

GPS-Daten:

N 48° 41.233

E 013° 37.106

Kapelle Maria Traum

Im 17. Jahrhundert, wahrscheinlich kurz nach dem Ende des Dreißigjährigen Krieges, wurde am Totenweg von Geyersberg nach Röhrnbach ein Gnadenbild der Mutter Gottes gefunden. Es stand nahe eines Steines, in dem eine vorchristliche Opferschale war.

Laut einer alten Sage soll dort die Gottesmutter Maria gerastet und geträumt haben. Dort, wo sie gesessen hatte, erweichte sich der Stein und diese Vertiefung kann man heute noch sehen – die Opferschale.

Es wurde eine Kapelle um den Stein gebaut und so entstand der Wallfahrtsort.

Im Jahr 1906 wurde die alte, schon etwas verfallene Kapelle durch eine neue ersetzt. Diese wiederum brannte 1986 ab, danach wurde die heutige Kapelle dort gebaut.

Es ist anzunehmen, dass der alte Kultplatz mit dieser christlichen Sage überdeckt wurde und in der Zeit während und nach dem Dreißigjährigen Krieg wieder an Bedeutung gewann. Die Menschen verstanden damals nicht, warum katholische Christen gegen evangelische Christen kämpften und so lebte der heidnische Glaube wieder auf. Um die Menschen wieder zum Christentum zu bringen, entstanden um diese Zeit sehr viele Wallfahrtsorte an vorher heidnischen Kultplätzen.

Heute sieht man in der Kapelle einen kleinen Altar mit einer Tischdecke und darauf mehrere Marienstatuen und Bilder stehen. Hebt man die Decke in die Höhe, kann man darunter den Schalenstein sehen. Das Christentum überdeckt das Heidentum.

Ausgangspunkt: Geyersberg bei Freyung

GPS-Daten:

N 48°47.072

E 013° 32.163

Der Werwolf vom Kindlstein

In der Nähe von Röhrnbach, im Landkreis Freyung-Grafenau, war eine junge Frau gerade schwanger, als ihr Ehemann verstarb. Als dann das Kind zur Welt kam, sah die Mutter keine Möglichkeit, sich und ihren Sohn zu ernähren. So beschloss sie in ihrer Not, das neugeborene Kind im Wald auszusetzen.

Einige Jahre später, es soll eine Rauhnacht gewesen sein, saß die Frau beim Flachsbrechen zu Haus, als plötzlich die Tür aufsprang und eine Wölfin mit einem Werwolf hereinkamen. Der Werwolf sprang auf die Frau und tötete diese, sie wurde förmlich zerrissen.

Die Menschen der Umgebung waren der Meinung, dass eine Wölfin sich um das ausgesetzte Kind, aus Mitleid, annahm und es aufzog. Das Baby verwandelte sich dadurch in ein Mischwesen aus Wolf und Mensch, einen Werwolf, welcher dann zu seiner leiblichen Mutter zurückkam und sich rächte.

Laut einer anderen Sage sollen dort weise (wilde) Frauen Kinder auf die Welt gebracht haben. Diese Sage und der Name des Steins deutet vielleicht auf einen Kultort hin, welchen Frauen besucht haben um ihre Fruchtbarkeit zu steigern.

In den vorchristlichen Kulturen gab es Steinkulte. Hier wurden bestimmte Steine verehrt, welche verschiedenen Bedeutungen hatten. Eine Bedeutung war zum Beispiel, wenn jemand stirbt, sich die Seele zu diesen Steinen begibt und dort auf die Wiedergeburt wartet. Nun muss sich eine junge Frau zu diesen Steinen begeben, um sich dort eine Seele einzufangen bzw. zu erbitten, die wiedergeboren werden möchte. Dies geht entweder mit bestimmten Ritualen, wo ihr vielleicht die dort lebenden weisen Frauen halfen. Oder in Österreich sind sogenannte Rutschsteine bekannt, wo die junge Frau den Stein hinunterrutscht und sich so die Seele einfängt.

Später wurde in den Stein eine kleine Nische eingeschlagen und eine Muttergottesstatue hineingestellt, wahrscheinlich wollte man den alten Fruchtbarkeits- bzw. Mutterkult christlich überdecken.

Ausgangspunkt:

Kaltenstein bei Röhrnbach

GPS-Daten:

N 48° 43.929

E 013° 31.998

Steinzeithöhle

Bei Kringing nahe Lichtenau soll es eine sogenannte Steinzeithöhle geben, wo in der Steinzeit Menschen gelebt haben sollen.

Diese Höhle oder eher Unterstand eignet sich aber nicht als Höhle, in der jemand leben konnte.

Eher ist dies eine markante Felsformation, welche vielleicht als vorchristlicher Kultort genutzt wurde. Nahe des Felses ist das nachgebaute Keltendorf Gabreta, wo man tatsächlich Spuren keltischer Besiedlung fand.

In der Steinformation ist ein Felsspalt, der sich nach hinten verengt und dann nur noch durch einen kleinen Durchlass zu durchqueren ist.

Vielleicht diente dies als sogenannter Schlupfstein, durch welchen man sich hindurchzwängen musste und so seine Sünden abstreifen konnte, ähnlich der christlichen Beichte heute.

Ausgangspunkt: Lichtenau/ Kringing

GPS-Daten:

N 48°49.250

E 013° 27.008

Helfenstein, der Ayers Rock der Oberpfalz

So werden große Felsblöcke in der Nähe der Burgruine Lobenstein genannt. Ihre besondere Form verdanken sie der Wollsackverwitterung.

Der Helfenstein ist auch als Schalenstein bekannt. Oben befinden sich eine große und zwei kleinere Schalen, welche möglicherweise schon von unseren heidnischen Vorfahren als Kultort genutzt wurden.

Heute gilt der Helfenstein als Kraft- und Ruheort.

Ausgangspunkt: Burgruine Lobenstein

GPS-Daten:

N 49° 08.983

E 012° 24.513

Wallfahrtskapelle Rastbuche bei Gratersdorf

Hier sind vor dem schmiedeeisernen Gitter in der Stufe zwei Knieabdrücke (Schalen) zu sehen.

Laut der Sage wollte der Gottessohn Jesus auf den Gipfel des Berges Büchelstein gehen, um die Aussicht über die Donauebene zu genießen. Als er etwa die Hälfte geschafft hatte und an einer mächtigen Buche vorbeikam, welche einen großen Schatten warf, unter dem sich hervorragend Rast machen ließ, kniete sich Jesus nieder, um sich auszuruhen. Damit der Herr es bequem hatte, erweichte sich unter seinen Knien der Fels und so sind bis heute diese beiden Abdrücke zu sehen.

Schon seit Anfang des 8. Jahrhunderts wurde aus diesem Ort ein christlicher Wallfahrtsort, was auf eine sehr frühe, vielleicht auch schon vorchristliche Bedeutung hindeutet. Zwei Schalen im Stein, neben einer mächtigen Buche, wären gleich zwei Kultorte an einer Stelle, Baum- und Steinkult.

Ausgangspunkt:
Grattersdorf
GPS-Daten:
N 48° 48.305
E 013° 10.430

Meuerschoartn

Die Meuerschoartn sind Einschusslöcher in einem Felsen, wo einmal ein Schwirzer ums Leben gekommen ist. Ein Zöllner hatte einen Hinweis bekommen, dass jemand öfter etwas über den Osser schmuggeln würde. Da legte er sich hinter einigen Steinen auf die Lauer und wartete, ob der Schwirzer kommt. Nach kurzer Zeit entdeckte er auch einen Mann, der mit einem Sack Richtung Böhmen unterwegs war. Da rief der Zöllner: „Halt, stehen bleiben oder ich schieße“. Der Schwirzer aber lief so schnell er konnte weg. Da gab der Zöllner einen Warnschuss ab, die Kugeln flogen an einen Stein, prallten dort ab und trafen den Schwirzer. Der Getroffene fiel sofort um und erlag noch an Ort und Stelle den Verletzungen, die ihm der Querschläger verursacht hatte. Diese Einschusslöcher sind heute noch in dem Stein zu sehen.

Diese Scharten, die die Kugeln im Stein hinterlassen haben, heißen Meuerschoartn, da der Wald, in dem sich der Stein befindet, dem Bauern mit dem Hausnamen Meuer gehörte.

Die Löcher sind wahrscheinlich keine Einschusslöcher, sondern Löcher, die man gebohrt hat, um eine Tafel zu befestigen. Die Löcher wurden wahrscheinlich mit Holz ausgefüllt und in diesem Holz schraubte oder nagelte man die Tafel fest.

Als Schwirzer wurden früher Schmuggler bezeichnet. Schwirzer kommt vom Schwärzen, da die Schmuggler früher immer dunkel angezogen waren und sich das Gesicht mit Ruß schwärzten, um in der Nacht nicht so leicht entdeckt zu werden.

Ausgangspunkt: Lohberg

GPS-Daten:

N 49° 12.075

E 13° 06.822

Ochsentritt von Windberg

In der Klosterkirche in Windberg gibt es einen Stein mit einem Abdruck, der einem Ochsentritt ähnelt.

Laut alter Legende kauften die Grafen von Bogen um 1191 n. Chr. die Reliquien des heiligen Sabinus und wollten sie nach Windberg zu ihrem ursprünglichen Stammsitz bringen. Die Gebeine wurden zum Transport auf ein Ochsengespann gelegt. Genau dort, wo man mitten in der Kirche diesen Ochsentritt sieht, wollte der Ochse nicht mehr weiter gehen. Alles Ziehen und Schimpfen half nicht, das Tier rührte sich keinen Millimeter mehr, sogar sein Huf grub sich in den Stein. So wurde die Kirche dort erbaut und schnell zum Wallfahrtsort erklärt.

Tatsächlich existierte die Kirche mit der darin aufbewahrten Reliquie aber schon einige Jahre vorher, also kann diese Legende nicht der Wahrheit entsprechen. Man hat den Stein mit dem sogenannten Ochsentritt beim Bau der Kirche nicht überbaut und ihn damit verschwinden lassen, sondern um ihn herum ein Pflaster gemacht. Dies deutet darauf hin, dass der Stein mit dem Abdruck schon eine Bedeutung hatte, bevor die Kirche gebaut wurde – vielleicht sogar ein heidnischer Kultort war, den man mit einer Kirche und einer Heiligenlegende überdecken wollte.

Ausgangspunkt: Windberg

Adresse der Kirche:

Pfarrplatz 22

94336 Windberg

Nachwort

Ich möchte mich bei den Quellen und Tippgebern bedanken, welche mich zu diesen Orten geführt oder auf sie aufmerksam gemacht haben. Solche besonderen Orte und ihre Sagen wissen oft leider nur noch wenige in den Dörfern rundum, das Weitergeben der alten Geschichten an die nächste Generation ist seltener geworden. Die Generationen vor uns hatten keinen Radio oder Fernseher, sie mussten sich noch unterhalten. Das Wissen über die Orte und die dazugehörigen Sagen wurde so an die nächste Generation weitergegeben. Heute sitzen alle vor dem Fernseher oder ihrem Handy und lassen sich berieseln, man wird unterhalten. So geraten diese einheimischen Sagen und ihre Orte in Vergessenheit und werden zum Teil von der Natur überwachsen.

Deshalb finde ich es wichtig, diese Besonderheiten aufzuschreiben und zu bewahren. In den Orten und Sagen spiegelt sich unsere Vergangenheit, unsere Kultur wider. Gerät dies in Vergessenheit, so fehlt uns ein Stück unserer Identität.

Es sind auch einige Orte in diesem Buch, die nicht unbedingt mit unserer Kultur zu tun haben, wie der Elefantenfelsen oder die schlafende Schlange, doch sind diese nicht weniger interessant. Sie sollten genutzt werden, um unsere Kinder wieder dazu zu bewegen, in die Natur zu gehen und etwas zu entdecken. Viele wissen nicht mehr, wie schön der Bayerische Wald ist und was dieser alles zu bieten hat.

Ebenfalls möchte ich mich bei meiner Frau Katharina und meinen Söhnen Maximilian und Thomas bedanken, dass sie mich bei der Suche unterstützen und mir die Zeit geben zu forschen und zu schreiben. Würde meine Familie nicht hinter mir stehen, wäre das ganze Projekt „Mystischer Bayerischer Wald“ nicht möglich.

Ein paar Worte zu den Schalensteinen: Manche sind von den Menschen nachgearbeitet, manche natürlich entstanden. Weder das eine noch das andere ist weniger wertvoll. Ist die Schale von Natur aus schon im Stein, ist es vielleicht ein göttliches Zeichen.

Diese alten Kultorte sind ein wichtiger Teil unserer Kultur. So sollten sie auch behandelt werden, mit Respekt und Hochachtung. Also bitte verlasst sie so, wie ihr sie vorgefunden habt. Sollte sich jemand zu den alten Religionen bekennen oder ein sogenannter Neuheide sein, spricht nichts dagegen, diese Orte zu nutzen, aber dann bitte nichts hinterlassen. Viele Kultorte sind mit Kerzenresten, Buddhismusbändern oder Amuletten übersät. Ehrt diese Orte und ehrt die Natur, so wie es unsere Vorfahren mit ihrer Naturreligion machten, haltet die Orte sauber und nehmt eure Utensilien wieder mit nach Hause, der nächste Besucher wird es euch danken.

Viel Spaß beim Lesen und Erkunden dieser Orte wünschen euch Probst Sepp und Katharina

Quellen:

Weber Renate

Pinkl Sylvia

Hacker Georg

Ederer Alex

Ederer Christoph

Wünsch Jakob

Probst Waldtraud

Maximilian von Schnurbein

Lang Tamara

Frisch Claus

Senta

Fotoquellen:

Weißer Felsen

Weber Renate

Korrektur:

Stephanie Leppert

Vorstellung der Autoren

Wir sind Katharina und Sepp Probst, kommen aus Regen, sind seit 17 Jahren verheiratet und haben zwei Söhne.

Katharina Probst ist 42 Jahre alt und neben dieser Tätigkeit noch Erzieherin in einem Kindergarten in Regen.

Sepp Probst ist 49 Jahre alt und arbeitet als Facharbeiter bei der Fa. Zollner in Zandt.

Wir betreiben seit über 15 Jahren die Internet- und Facebookseite „Mystischer Bayerischer Wald“. In dieser Zeit sind 10 Bücher über den Bayerischen Wald entstanden. Zusätzlich haben wir, in dieser Zeit, unzählige Wanderungen und Vorträge über den mystischen Bayerischen Wald gemacht.

Allein wäre das Projekt „Mystischer Bayerischer Wald“ nicht zu bewältigen, die vielen Anfragen, verwalten der Onlineseiten und organisieren bzw. ausführen der Wanderungen und Vorträge, sind nur im Team möglich.

Sollten Sie auch kennen ...

Rauhnächte im Bayerischen Wald

Mythen, Orakel, Sagen und Brauchtum

Dieses Buch beinhaltet eine ausführliche Sammlung über die Rauhnächte im Bayerischen Wald:

- Wann die zwölf Rauhnächte sind und welche Bedeutung sie haben.
- Rauhnächte unter dem Jahr, wie zum Beispiel Karfreitagsnacht, Andreasnacht, Allerseelennacht ...
- Bräuche, Riten und Orakel, die zu bestimmten Nächten in dieser Zeit gemacht werden.
- Ausführliches über die Rauhnachtsgestalten, wie der bluadige Dammerl, die Luzier und das wilde Heer.
- Rauhnächte bei den Kelten, Germanen und Christen.
- Das spektakuläre Glaslrucka mit vielen dazugehörigen gruseligen Geschichten.

Dieses Buch lässt uns in die mystische Welt unserer Vorfahren zur Rauhnachtszeit blicken. Wie sie diese dunkle Jahreszeit empfanden und nutzten, um in die Zukunft zu schauen, und das Schicksal umzulenken versuchten.

Auch heute können wir von diesen uralten Bräuchen und Verhaltensweisen lernen, das Leben zu entschleunigen und dem Burnout zu entkommen.

1. Auflage Oktober 2016,

Softcover, farbige Abbildungen, 176 Seiten,

ISBN 978-3-95511-052-9

12,90 Euro

Mystischer Bayerischer Wald

Sagenumwobene Orte, Volkssagen und Geistergeschichten

Josef Probst beschreibt sagenumwobene Orte, Volkssagen und Geistergeschichten aus dem Bayerischen Wald. Er berichtet über die Drud, die weiße Frau, eine vorchristliche Opferschale auf dem Teufelstisch und eine Opferschale bei Zwiesel. Weiter behandelt das Buch Teufelssagen, Mystische Orte wie z. B. den Weizriegel, es erzählt von glühenden Fußabdrücken, dem schwarzer Geisterhund, dem Boandlkramerhund und einem Buckelgeist. Es beinhaltet zahlreiche Geschichten, über das Anmelden der Toten, Irrlichter, Hexen und vielen weitere...

1. Auflage Oktober 2015,
Softcover, 177 Seiten und zahlreiche Bilder
ISBN 978-3-95511-041-3
12,90 Euro

„Do schau her Band 12“

Mystische Wanderziele

zu Liebesfelsen, Keltenschalen, Gebärsteinen, Wackelsteinen und Gruftkapellen

Das Buch »Mystische Wanderziele«, soll sie in eine längst vergangene Zeit unserer Vorfahren führen. An was sie glaubten, wie sie mit der Natur lebten und wie wir durch uralte überlieferte Sagen, dies enträtseln können.

Viele dieser hier aufgezeigten Orte weisen auf eine lange Besiedlung des Bayerischen Waldes hin, viel länger als es bis jetzt noch in einigen Lehrbüchern steht und an Schulen unterrichtet wird.

Einige dieser Orte hatten eine große sakrale Bedeutung für unsere vorchristlichen Vorfahren, dessen sollte man sich bewusst sein, wenn diese Orte aufgesucht werden. Leider erwacht momentan wieder ein großer schamanistischer Kult, welches etliche Menschen an diese Orte lockt und neumoderne Riten vollzogen werden. Mit Wachskerzen, Buddismussbänder oder Lebensmittelopfergaben werden diese Orte verschandelt. An diesen Orten sollte sich andächtig und vor allem mit Respekt verhalten werden, dies wäre eine große Bitte an alle, welche später diese Kultorte besuchen.

Viel Spaß beim Lesen des Buches und dem Abenteuer des späteren Erkundens, dieser mystischen Wanderziele, wünsche ich euch von ganzem Herzen.

ISBN 978-3-95511-092-5

9,90 Euro